创美工厂

极简德国史

[德]扬·德马斯 著 冯小冰 译

中国友谊出版公司

图书在版编目（C I P）数据

极简德国史 / (德) 扬·德马斯著 ; 冯小冰译. -- 北京 : 中国友谊出版公司, 2017.2 (2019.3重印)
书名原文: 60 Minuten deutsche Geschichte
ISBN 978-7-5057-3961-1

Ⅰ. ①极… Ⅱ. ①扬… ②冯… Ⅲ. ①历史-德国 Ⅳ. ①K516.0

中国版本图书馆CIP数据核字(2017)第014105号

著作权合同登记号 图字：01-2017-2217
Published in its Original Edition with the title
60 Minuten deutsche Geschichte Große Ereignisse-bewegende Augenblicke
by Jan Demas

书名 极简德国史
作者 [德]扬·德马斯
译者 冯小冰
出版 中国友谊出版公司
发行 中国友谊出版公司
经销 新华书店
印刷 北京文昌阁彩色印刷有限责任公司
规格 710×1000毫米 16开
18.5印张 270千字
版次 2017年11月第1版
印次 2019年3月第2次印刷
书号 ISBN 978-7-5057-3961-1
定价 48.00元
地址 北京市朝阳区西坝河南里17号楼
邮编 100028
电话 (010) 64678009

目录

写在前面的一分钟

世事时常可以以小见大！两个人彼此问候的方式就已经可以透露出他们关系的方方面面；半张纸大小的公司辞退书要比百页纸的企业形象宣传册更能体现公司的企业文化；对于某个老的哥来讲，乘客的上车方式可以反映其性格。

隆冬时节，德国国王海因里希四世在意大利的一座城堡门前双膝跪地，而城堡内的教皇却在温暖的壁炉旁闭门不见，这显示了中世纪教权和世俗统治的关系。1803 年强盗团伙“辛德翰内斯”在美因茨被处决，这时所有人才意识到拿破仑所制造的混乱。1943 年 3 月，艺术家的遗孀玛塔 · 利伯曼服用了鲁米那安眠药，目的当然不是更好地入睡。

从小处着手，放眼大处是本书的基本思想。等待读者的是历史故事和短小解释性杂文的混合体。

《极简德国史》探寻的是德国这个欧洲中心 1000 年来的政治、经济、文化和日常生活。各章之始都有特殊的“一分钟”，或是字面上的，或是象征性的，历史事件就浓缩在其中。

编排上有些讲究，当然或多或少也有个人印记，希望通过它们能给读者带来一些思考。最终还是要让读者从这些马赛克石中拼出个人的历史图画。我在此祝愿读者阅有所享、阅有所感。

扬 · 德马斯

00:01

当德国人成为罗马人

国王奥托一世戴上罗马皇帝的皇冠

962 年 2 月 2 日的一分钟

此时的罗马异常寒冷，但是这个高大的男人并未感觉到寒意。他刚刚骑马到了永恒之城。这个时节，在他自己的国都马格德堡，易北河上浮冰堆积、寒风凛冽、松雪盖顶。与此相比，罗马的冬天透着温和。不，天气肯定不会败坏这个目光坚定的萨克森人的好心情，至少不是今天，因为他实现了所有计划的终极目标。

到 11 月就将年满 50 岁的奥托，迈着有力而又缓慢的步子，踏着一段露天台阶拾阶而上。他走向三个数米高的圆形拱门，拱门将圣彼得大教堂的前院与城市的喧嚣隔绝开来。奥托身边是他的第二任妻子阿德尔·海德，身后跟着同样刚刚到达罗马的随从和卫兵。大家都很放松。这些粗野的好战分子在行进中并未使用暴力。

奥托和阿德尔·海德走过常年长满绿植的前院，进入一个巨大的五厅正殿。这个来自北方的魁梧男人发及双肩，头发灰白却依然浓密。留着自然络腮胡的他。目光如炬，进入教堂中心。

据说这里埋葬着耶稣使徒彼得。此刻在这里等待奥托的是他的新盟友——教皇约翰内斯十二世。教皇将实现奥托的皇帝梦，并且让他成为罗马的皇帝。约翰内斯这个身材瘦削的意大利贵族新秀也就 20 岁不到的样子，他目空一切笔挺地站在那里，俊美脸庞上的表情让人捉摸不透。关于他的那些流言蜚语包括谋杀、任人唯亲、桃色丑闻、荒于嬉戏等。这些都成为罗马街头巷尾人们的谈资。

国王奥托一世

马上开始的神圣弥撒盛大而又绵长。圣烛节是为了纪念耶稣的母亲，标志着圣诞的结束。仪式的最后，教皇会给奥托涂上一种珍贵的油膏，然后给他戴上罗马帝国皇帝的皇冠。之后教皇会转向阿德尔·海德，也给她涂上圣油。奥托的目光在教堂雄伟的后殿停留了片刻，心想，自己终于做到了。

今天如果人们开车去马格德堡，很难有理由会想起中世纪。从一个巨大的高速路十字路口延伸出来一条多车道的快速路，直通市内，沿途会经过一片大块方石堆。对于一个德国中等城市来说，市中心的街道宽得醒目。城市呈正方形，建有大量街区，广场遍布其中。在经历了“二战”的破坏后，那时的马格德堡要成为一座社会主义“模范城市”。对于那些熟悉这种建筑模式的人来说，保不准会觉得马格德堡还真就是呢！谁知道呢！

对于不熟悉马格德堡的人来说，他们很少能马上找到马格德堡大教堂。这个教堂是阿尔卑斯山以北最重要的宗教建筑之一，但似乎和今天的这座城市扯不上什么关系。即使是在工作日，教堂的周边也几乎空无一人。奥托一世的墓就在这座得到完美修缮的哥特式大教堂里，里面埋着的可能不仅仅是被加冕过的头颅。如果人们这么想的话，这里就是那个中世纪德国人的起点。但现在，这实际上和马格德堡没有太大关系，而涉及更多的是罗马。

公元 962 年 2 月 2 日发生的事代表着民族迁徙混乱之后罗马皇权的第二次易手。第一次是查理大帝。他于公元 800 年的圣诞节在亚琛受到教皇加冕，成为罗马帝国皇帝，但他的法兰克王国只持续了 100 年。之后的继承者们争得不可开交，一切再次分崩离析。萨克森人也曾归属于法兰克王国，只是从 10 世纪开始，他们就不断发展自己的势力。很快就可以预见，在相当于现代德国的这片土地上，一股新势力即将诞生。

公元 912 年出生于赞格豪森的奥托就在这种意识的陪伴下长大成人。他首要的关键一步是在成功将其他东部部族拉拢过来后，于公元 936 年成了萨克森公爵，随后又在亚琛加冕成为东法兰克王国的国王。为什么要在亚琛？地方的选择并非偶然。因为对善于征战、意志坚定的人来说，查理大帝的足迹丝毫不显得遥远，即便是他们不懂拉丁文，在之后才开始学习用拉丁文阅读。

美因茨的大主教希尔德贝特同来自特里尔和科隆的大主教们一起给奥托戴上皇冠。他毫不掩饰地认为，加冕是为了所有基督徒的和平。实际上，奥托野心勃勃。他想得到罗马帝国皇帝的皇冠，正是这个皇冠使查理大帝成了所有基督徒的庇护者。但这个皇冠并不在莱茵地区的红衣主教那里，而是只能从教皇那里得到。

公元 951 年，奥托首次远征意大利，正式插手意大利的乱政。他赢得了统治权，娶了国王的遗孀阿德尔·海德，任命曾经的捣乱分子贝伦加尔成为自己的代理人。自此，他在方方面面都追随着自己成为罗马皇帝的目标。10 年之后，大局显得有利于他。梵蒂冈的教皇对于故态复萌的贝伦加尔心有忌惮，迫切需要一个庇护者。实际上的人选也只有奥托。

公元 961 年夏，奥托经由勃伦纳山口去往意大利。他本来想在圣诞期间戴上皇冠从而成为和查理大帝一样的人物，但是同教会的奶牛贸易拖延了时间，奥托和随从被困在了帕维亚。直到圣烛节的时候才确定下来：奥托未来要成为教皇的庇护者，以及保证教皇在教堂政策中的话语权。之后的一切进展迅速。奥托和随从来到罗马，他下马，在妻子的陪同下步入早期罗曼式风格的圣彼得教堂——今天圣彼得主教教堂的前身，之后受到教皇加冕，成为罗马帝国皇帝。

是什么使这个皇冠价值连城？为什么德国人执意要成为罗马人？为什么他们在几百年后还称自己的国家为“神圣罗马帝国”？对此人们一定要熟悉《圣经》。《丹尼尔之书》预言了未来。书中预言，世上会先后出现四个世界大国：巴比伦国、波斯帝国、亚历山大帝国以及他的继承者们的国家，之后世界将会灭亡。

因此，第四个也就是最后一个王国要尽可能长久地延续下去。但问题是政治中的一切都不长久，人们宣布这个国家是“可转让的”。从这个意义上来讲，罗马人就是亚历山大继承者的继承者，之后是拜占庭，再后来就是查理大帝。只要这种接力持续下去，基督教徒们的未来就得到了保障。此外，拥有罗马帝国皇冠的人才可以自视为教会的世俗守护者，成为整个基督教的最高监管人。即使是拥有史上最高权力的教皇也要时不时听一听这些人的意见。

现在看来，奥托身上特别德国化的东西应该是什么呢？不可能是教徒的虔诚之心，虽然中世纪大家普遍如此。我认为，特别德国化的地方体现在对纯粹政治权力的不满。这种权力必须要服务于更高的理想，而罗马帝国的想法就是可以触及的最高理想。

直到今天，如果政治只局限于制定还过得去的框架条件，德国人依然会感到不幸。不，最好我们能马上拯救全世界。中世纪的帝国思想早已被遗忘，即便是社会主义也已尘埃落定。今天的马格德堡就是它的石质纪念碑。未来什么样的理想会给德国政治权力进行类似的加冕，且让我们拭目以待。

00:02

君王负荆请罪

国王海因里希四世与教皇格里高利七世和解于卡诺萨

1077 年 1 月 25 日的一分钟

又是一座山！四周以来，海因里希和随从们从勃艮第到亚平宁半岛的北部，一路上已经爬过无数的山坡，现在，在他们面前的石岭之上耸立着托斯坎纳伯爵夫人的卡诺萨城堡。天气依然让人难以忍受，寒冰铺路，雪无停日。教皇格里高利就隐居在这座位于帕尔马以南的城堡里。海因里希必须尽快与教皇达成和解，以避免他们之间的权力斗争造成德意志罗马帝国的分裂。

海因里希的第一批追随者已经背弃他，并且挡住了他的去路。他不能像往常一样经由勃伦纳山口去往意大利，而是要绕个远道，途经塞尼。这是一条危险的阿尔卑斯山通道，却被效忠于他的勃艮第人所控制。此外，他也没有时间等待更好的天气。海因里希背负的是被逐出教会的罪名，如果教皇不马上收回成命，他就会永远被排除在教众外，也就失去了在西方世界的一切权力。

国王和随从们手脚并用爬过了积雪皑皑的阿尔卑斯山。他们顺着山坡滑下，王后和女眷们坐在牛皮上，被他们拉着，一路向下。马匹的腿被绑在一起，顺着结冰的山坡被人拖下来。只有极少的马能经受这种折磨而幸存下来。

现在他们面前又是一座山。岩石遍布，寒入骨髓，拒人于千里之外。海因里希脱下皇袍，摘下象征权力的徽章。他赤裸双脚，腹无一物，在陡峭、湿滑的山上朝城堡艰难攀爬。和他同样寻求教皇宽恕的赎罪者们把他让到了城堡三个院子中的第二个里面。国王在这里苦挨了三天。斋戒，受冻，祈求。最后，教皇召见了他，和他交谈，并撤销了驱逐令还给了他一个和解之吻，之后他们

卡诺萨悔罪

一起庆祝了神圣的弥撒。

在海因里希身着赎罪服祈求教皇宽恕的一年之前，他完全是另一种腔调。“下台，下台！”1076 年 1 月，在沃尔姆斯帝国会议上，海因里希面对聚集在此的主教和诸侯们向教皇这样喊话，要求他退位。“你把我们的谦恭视为胆怯，并且胆敢反抗我的神授皇权。”25 岁的海因里希大吼道，“你竟敢威胁要夺走这种权力，好像它真的受你掌控而非上帝一样。你必须下台，离开你视为己有的圣彼得王座。”

复活节前不久，教皇格里高利对海因里希发起了书面攻击。在罗马的戒斋期宗教会议上，教皇在布道时进行了快速地回应：“圣彼得啊！海因里希皇帝之子以令人难以忍受的高傲公然反抗你的教会，我要取消他对德意志帝国和意大利的统治权，废除所有教徒曾对他许下的效忠誓言。”但这些还不够，教皇继续说道：“他对我的警告置若罔闻，并要脱离和分裂你的教会，我以你的名义将他逐出教会！”德国国王就这样被排除在教众和罗马帝国所有圣礼之外。

德国国王奥托一世穷尽所有，终于带着教皇的祝福在罗马成为教会的世俗守护者。100 年后，作为政权拥有者的德国人和作为教会最高荣誉者的教皇彻底决裂。他们对立得如此彻底，以至于相互否认对方的合法性并要罢免对方。事情为何会发展到如此境地？是权力作祟吗？不然还能是什么？教皇、大主教和修道院院长并不满足于向人们传递耶稣温和仁爱的信息。说得极端一些，耶稣在当时已经不再重要，因为基督教已成为罗马帝国国教。这种情况已持续了 500 年，并且自那时起，一个教士团体逐渐形成。他们开始醒悟，既然已经离全能的上帝那么近，又为何要让政治权力旁落他人？他们要创建自己世俗的权力基础，不许旁人插手世俗之事。

德国国王始终看不惯的是，为什么应该由教会来随意分配神职。虽然教士们拥有这样对待单个教徒的权力，但是他们的行为依然是政治化的。此外，长久以来，教堂与修道院中的主教职位、受俸职位、圣人遗物以及圣餐，都是价高者得。这在当时很正常，也因此催生了一种风行一时的买卖，这种交易被当时众多严肃对待自己信仰的教徒批为“圣职买卖”。

在这场皇冠和主教权杖的权力游戏中还有暗自窃喜的第三者，也就是那些德国诸侯。本来这些贵族极为依赖国王和教皇，但这场争斗持续时间越长，地方诸侯们就更加充分地利用机会创建自己的权力基础。他们加快建设基础设施，实行独立的管理。终于有一天他们变得如此强大，以至于无论是国王或是教皇都不能离开他们的支持而存活。

就这样，德国中世纪出现了灾难性的三足鼎立局面。国王、教皇和诸侯们的权力诉求持续不断地彼此冲撞，政治发展面临着瘫痪的威胁。同时期的法国和英国君主获得认可并实现了中央集权，从而为国家进入新时代做足准备。而德国不同利益集团和教会政治家们持续不断的争斗使德国逐渐沦为欧洲末流国家的代名词。

是什么导致海因里希四世同教皇之间的矛盾升级？这已不再重要。他们的矛盾有更深层次的诱因，用今天的话说是“系统性”的原因。实际上他们矛盾的焦点在于如何任命主教，也就是所谓的“授职”。海因里希的卡诺萨赎罪之行使矛盾得以缓和（但并未得以消除），这一事件也被称为“授职之争”而载入史册。海因里希最终除了认错服输，别无他选，因为在这场复杂的权力游戏中，他已没有机会以一己之力取胜。

直到1122年，随着所谓的《沃尔姆斯宗教协定》的签署，在任命主教的问题上，双方才终于正式达成妥协。但是“卡诺萨”事件之后权力的天平明显偏向教皇，不久之后，教皇就完全攫取了权力。从权力政治的角度看，他们走了完美的一步棋，他们把一个外部敌人带入这场游戏中，这个敌人就是穆斯林。穆斯林把基督徒和犹太人的圣城耶路撒冷纳入自己的治下。于是，1095年，教皇乌尔班二世发起第一次十字军东征。

格里高利教皇的继任者再次将国王海因里希四世逐出教会。这一次海因里希希望作为十字军在耶路撒冷得到平反。1105年，他在耶路撒冷落入了自己儿子的手中，但儿子却站在教皇一边。一年之后，海因里希四世离世。权力斗争得以进入下一轮。

00:03

我见你所未见

神秘教徒希德嘉·冯·宾根的预言

1141 年某日的一分钟

希德嘉·冯·宾根被幽禁起来，这也是她所希望的。希德嘉坐在迪希伯登山上修道院的房间里。这里处于格兰与纳尔两条河的交汇处。400 年前，爱尔兰苏格兰裔的云游僧人迪希伯特和同伴们在这里落脚。希德嘉 8 岁起就生活在这里的女修室中。修室就位于男修道院旁边。如今她已 42 岁，30 年来，她大部分时间是在祈祷中度过。

希德嘉坐在自己房间的椅子上，头脑清醒。她没有斋戒，也没有在持续几小时的宗教仪式中使自己神情恍惚。在最初的几个世纪里，这一套在基督徒中很流行。她也没有服用草药、菌类以及令人麻痹的丹药。希德嘉像同时期的许多其他人一样，坐在欧洲乡下的某处，远离宗教中心。她窄小房间的四周是粗糙岩石筑成的墙壁。她就这样待着，沉溺于自己的狭窄世界中。

忽然间，希德嘉看到一道光。她看到开阔的天空中一道光向她射来。就在她看到这道光的一刹那，她也同时感受到这道光。光挤进她的脑袋进入了她。这道光像闪电、像火苗，却没有炙烤希德嘉，丝毫没有。希德嘉感到，光使她温暖起来，首先穿过她的脑袋，之后从头流向她的心脏。这道光像滋养植物的阳光，是一种能量，唤醒生的渴望。它流遍希德嘉的全身，充满她的内心。

之后希德嘉听到一个声音。这个声音不像是有人在房间同她说话的声音，也不像读书时自己的默读声。这个声音好似来自天上，却在她身体里，因为那道光也在她身体里。这个声音对她说：“说出并记下你的所见所闻。”

之后，希德嘉呼吸急促，心跳加快。她害怕。她不愿告诉任何人她刚刚所

希德嘉·冯·宾根雕像

经历的事。别人会怎么想？在孩童时代她就经常被人嘲笑。但这个声音却在不断重复：“说出并记下你的所见所闻。”

10年过去，欧洲大多数人都知道了希德嘉的所见所闻。对于希德嘉来讲，这10年是受到质疑的10年，恐惧10年，当然也是宽慰的10年。这种宽慰也只有以这样的形式才能感受到。这道光周而复始地出现，一同出现的还有图像，宏大的图像。这个声音逐渐向她解释上帝同人之间的关系以及使世界和宇宙凝聚在一起的宏大计划。这些东西至少都记载在希德嘉留传下来的文字中。

就在1141年某时的突发事件之后，也就是上天为希德嘉敞开大门之后，她病倒了。她的状况是如此糟糕，不得不卧床休息。出身于法兰克高级贵族家庭的希德嘉从小就体弱多病，与众不同。她觉得自己拥有“第三只眼”，能见人所未见。那时她可以看到各种光以及他人身上的气息，但是她觉得这很正常。直到别人都嘲笑她的时候，她才明白不是所有人都可以像她一样看到那么多。之后她就变得害羞，少言寡语。

希德嘉8岁来到迪希伯登山。她是父母的第10个孩子。按照《圣经·旧约》的指示，人们应该把收成的十分之一献给上帝，那么第10个孩子也应该归上帝所有。

来自斯彭海姆的尤塔比希德嘉年长六岁，负责照顾她。就这样过了一年又一年，原来的修女会发展成了一所真正的修道院。希德嘉尽量使自己受些教育，但依然不会拉丁语。这样她也就达不到中世纪的博学多才。但谁又会教她呢？神学和哲学都是男人干的事情，女人们被排除在外。

但是突然出现了另一种知识源泉——来自光里的那个声音以及希德嘉看到的图画。这个声音说的是德语，不是拉丁语。这个声音用女人也能理解的方式向她解释这个世界。确切地说，是每个人都能理解的方式，即便他们没有上过大学。这个声音要求她不要把这些知识据为己有，而是要记录，传播开来。

当希德嘉克服恐惧，不再排斥后，她的健康状况迅速好转。在她把这些信息记录下来的过程中，她得到了同为修女的李察迪斯·冯·施塔德以及迪希伯登山的僧侣福尔默的帮助。他们两人都受过教育，并且后者通晓拉丁语。但是希德嘉总是怀疑记录的正确性。最终她还是求助于圣伯尔纳铎，他可能是当时最伟大的神学家。

经过一番犹豫，圣伯尔纳铎明确表示支持来自德国的希德嘉。是希德嘉记录的副本说服了他。他发现这些信息不仅与教会教义毫不矛盾，并且从中看到了一股强大的精神力量。1148 年教皇在特里尔宗教会议上认可了希德嘉的预言天赋并鼓励她继续下去，把她的预言公之于众。自此之后，圣伯尔纳铎才敢于公开支持希德嘉。

此后希德嘉·冯·宾根开始成名。她创建了自己的修道院并走遍德国，同时作为大众布道士和权贵顾问出现在人们面前。她通过书信与欧洲教会的首脑人物保持联络。她也参与政治，坚决主张消灭逐渐兴起的“乞修会”（年轻人寻找新精神的组织），同时也捍卫高级贵族同修士之间的保守联盟。

像所有名人一样，她也招来很多不满。许多人无法接受日益松散的修会制度。修道院中的修女们身着白色丝质长袍，头发裸露在外，头戴小金冠，在圣坛前跪下。很多人认为这是精英式的无聊作秀。他们一直认为希德嘉爱出风头，但是民众爱她。她的预言，她的道德文字鼓舞了信众，一如她的医学见解和她的音乐那样。是，她也做音乐，并且最终成了一个真正的明星。

那她的幻景呢？它们反映的是中世纪的世界图景，即便含有个人的理解。整个世界整个宇宙遍布着上帝精神，人也是其中不可分割的一部分。圣父上帝至高无上，是造物主，也是耶稣的父亲。耶稣使人与上帝和解。在幻景里，希德嘉看到基督以人的面貌出现，散发着圣父上帝的气质，但又与上帝不同。在其他的幻景中，她看到的上帝是个轮子或者是一个旋转的球体。她想说的是，上帝就在各人心中，却又不断变化。

即便与上帝如此接近，希德嘉依然相信当时和当下。人类的肉体根植于土地，人类要认识到这一点。“信仰上帝的人也要尊重世界的存在。”希德嘉写道，“人类没有其他归宿。如果他放弃了这个世界，就会被恶魔杀死并且不受天使庇护。”另外，她也强调人类的一体性以及灵与肉的整体性：“当肉体和灵魂真正和谐共存时，它们会在片刻的喜悦中获得最高的报偿。”她的医术也以此为基础。对她来说，疾病意味着不足、空白和枯萎。

但是真的要借助幻景来认识到这一切吗？这些难道不是已有的先人思想、《圣经》智慧以及首批教徒的信仰吗？答案毫无疑问。只是希德嘉是女性。即便这个女人宣称她对万事都有自己的想法，但在 12 世纪，没有人会听一个女人的话。所以只有幻景才能招徕听众。

00:04

让我们在这里建两座塔楼

枢机主教康拉德·冯·霍赫施塔登为科隆大教堂奠基

1248年8月15日的一分钟

哲学家阿尔伯特·冯·劳因根在科隆教书时被尊称为阿尔伯特·马格努斯。他现在站在一条9米的深沟旁往下看，所看到的远不止黏土和垃圾。一座新教堂的地基已经打好。他惊叹于这个异乎寻常的浩大工程。当他在基坑底部看到“异教徒时期”的华丽地板时，他在自己的记录中再次表达了类似的赞叹。科隆早在罗马皇帝时期就已经是阿尔卑斯山以北最大的城市，直到德国人为王的今天也未曾改变。

阿尔伯特目光开始游移。他就站在离莱茵河岸不远的地方。这个城市收入的大部分都要归功于这条河。来自北海的船只来到这里，货物在这里被转运到小一些的内陆船上。这样就有了扩大贸易的机会。基坑西面更靠近城里的地方矗立着老教堂的遗迹。人们本来计划将它逐步拆除。年初的时候，人们就通过火烧的方式来拆除其中一间祈祷室，后来大火失去控制，整个教堂几乎烧毁。为了能够举行弥撒，人们不得不又对教堂进行了部分重建。

是时候建一座新的主教教堂了。它应该成为基督教界最伟大、最漂亮的建筑，因为科隆富足。大量朝圣者来到这里，在装有《圣经》、三王遗骨的圣物盒前祈祷。成百上千的人都期盼着枢机主教康拉德·冯·霍赫施塔登能在马利亚升天节当天为教堂奠下“原石”，也就是第一块石头。随后，康拉德现身，他不顾炎热夏日依然身着盛装，并像其他人一样，跪了下来。

枢机主教康拉德·冯·霍赫施塔登是一位教会侯爵和权力政治家。这样的人物以后也只在意大利文艺复兴时出现过。在这个时代，这样的人并不少见。

他不仅是教区的一区之长，同时也是莱茵兰和威斯特法伦部分地区的世俗统治者。但他依然不满足，上任伊始就宣布效忠于德皇弗里德里希二世，之后又扶持其他国王，并最终使靠他掌权的荷兰国王威廉完全听命于他。他能花得起这些钱，不仅因为他是权势最大的德国诸侯，同时也因为有教皇英诺森四世给他撑腰。这一切都清楚表明，康拉德希望在史书中留下很浓重的一笔。作为一种辅助手段，建立西方世界最大的教堂无疑是最正确的选择。

然而，建造科隆大教堂并不是康拉德的主意，他也不是教堂的业主。教堂业主一直以来都是教区修道院的全体修士。他们最关心的是能够向来这朝圣的人有所兜售。这些人的数量不断增加，是一个可观的经济因素。不是只有2005年的天主教青年节才具有盛事的性质，中世纪去往科隆的朝圣之旅也同样如此。

这些朝圣者都要吃喝与休息，并且他们远道而来肯定也希望有所经历。因此很多人不再严格对待斋戒和禁欲的信条。同时也不要忘记朝圣者放在三王圣物盒上的祭品。因为在朝圣的路上可能会碰到抢劫，出于安全考虑，人们一般会在当地购买这些祭品。这对于当地的手工业者是件喜事。

建造一座当时看来“新式”的，也就是哥特风格的主教教堂，这个想法在枢机主教恩格尔贝特·冯·贝格时期就已成形，只是他还未能实施自己的计划就在1225年被谋杀（这种事发生在中世纪主教身上也不是没有可能）。建造教堂的想法自此一直萦绕在教会修士的心中。而整个朝圣活动则要归功于康拉德之前的另一位红衣主教雷纳德·冯·达赛尔。

同康拉德一样，雷纳德也是一位政治上野心勃勃的教会诸侯。当时他作为宰相服务于皇帝弗里德里希·巴巴罗萨。1162年，米兰起义，反抗它德意志罗马帝国的主人。巴巴罗萨和雷纳德随后占领了这座意大利北部的教堂之城。他们没花很长时间就想出惩罚这些不听话的意大利人的方法，他们抢走了“神圣三王”遗物，并把它们带到科隆。

对此人们需要了解的是，决定一个教堂级别的不是建筑的形式，也不仅仅是其所属的主教，而是那里保存着的圣者遗物。曾几何时，基督教是为了连接

科隆大教堂

人和上帝，后来就变成了国教。渐渐地，国教也有了自己的权力象征，其中就包括那些在圣物盒中保存着的圣人遗骨。人们会为此来朝圣。

像《新约》作者讲的那样，来自东方的三王追随天空中的一颗星星找到了耶稣诞生地。每个人都相信，他们三人的遗骨就在米兰。但是现在，为了科隆这座城市的名声和繁荣，遗骨被带到这里。

为保存“神圣三王”的遗骨，尼古拉斯·冯·凡尔登设计了一个价值连城的金质圣物盒。计划中的主教教堂应该像新的外壳一样包裹着圣物盒。建筑师格哈特是位名副其实的天才级大师。他深入研究了当时法国所有大型主教教堂，并主要参考了亚眠大教堂的设计。他的继任者阿诺尔德在长达四米的设计图上画出了教堂西侧的建筑，面积超过 7000 平方米，直到今天也没有哪个教堂能够超越它。

1248 年的基坑起初是为了建造东侧众多祈祷室的圣坛而挖的。这是一个持续几个世纪的工程，人们想要逐步完成这个宏伟建筑。教堂要体现出永恒，也是建造这个哥特式主教教堂的基本思想。所以区区 100 年算得了什么！

尽管人们充满耐心，但不知从何时起，工程还是陷入停滞。朝圣者的数量逐渐减少。人们的兴趣也大不如前。科隆在经济上也不断衰退。这个莱茵河畔的城市无法将自己中世纪的富足延续到新的时代。直到 19 世纪，它作为普鲁士工业城市再次繁荣。从 1560 年起，工程停工。未完工的南部塔楼上的建筑吊臂成为科隆的象征。大街小巷流传着“教堂完工之日，就是世界灭亡之时”的说法。

但是到了 19 世纪，世界还在，教堂也依旧耸立。那些浪漫主义者对哥特艺术的热情使他们为教堂顺利完工摇旗呐喊，出版家约瑟夫·格雷斯以及艺术爱好者博伊塞雷兄弟为教堂的续建大张旗鼓地宣传。考虑到民族主义，大教堂现在要成为德国统一的象征。

在教堂筹建协会孜孜不倦的努力和热心文化事业的普鲁士国王的支持下，从 1842 年到 1880 年，教堂终于部分按照旧的设计方案得以完工。如果说科隆大教堂在历经所有政治消耗之后依然成为一个精神寄托，那很可能要归因于科隆人民。教堂已经在他们心里存在了数百年，已成为他们身份的一部分。“二战”期间，教堂周边 90% 的建筑被摧毁，然而，除了一些小的创伤以外，科隆大教堂完好无损。

00:05

“花鞋主教”

阿尔伯特·马格努斯作为主教来到衰落的雷根斯堡

1260年3月29日的一分钟

当一个男人在昏暗中穿过雷根斯堡城门时，白昼已逝。这个男人将在周末的复活节上成为雷根斯堡及周边地区的最高长官。他也将成为当地教众的首领，级别相当于帝国诸侯。这意味着权力——教会权力和政治权力。他只身一人来到这里，身着朴素的棕色僧袍，脚穿一双绑紧的凉鞋，带着简单的行李。没有人认出他来。

阿尔伯特从科隆一路步行而来。这个约莫60岁的老人一生中的所有旅行都是以这样艰难的方式完成的。为了上学，他从莱茵河畔的家乡劳因根出发，一路走到意大利北部的帕多瓦；走到巴黎，成为那里最知名的教授之一。从塞纳河到莱茵河，后来又到了科隆，在那里创建了唯一一所还有些水平的大学。期间他又无数次去罗马拜见教皇，依然是徒步。他的拥护者尊称他为阿尔伯特·马格努斯。

当阿尔伯特穿过雷根斯堡城门时，人们从衣着上把他当作一名多明我会的修士。他其实是一名崇尚放弃私产的乞讨僧。简单的僧袍被这个高大瘦削的男人穿出了威严。他进了城，深知自己的价值。他是精神上的贵族，用当时的话来讲，他集当时所有知识于一身。

阿尔伯特穿过灯光昏暗的街巷。这里安静悠闲，同他居住过多年的世界之都科隆完全不同。雷根斯堡看起来并不富足。跟他年轻时第一次来这里时相比，这里似乎被人遗忘了。终于，他来到圣布拉修斯教堂前。旁边住着他的修会兄弟们。多年前，他曾在这里短暂地教过书。他不想在这里被认出来，只想同圈

雷根斯堡

中老友度过这个夜晚。明天，也就是复活节所在的这一周的周二，将会进行就职仪式。

主教阿尔伯特，偏偏是阿尔伯特！历史学家像猜谜一样在想，究竟是什么驱使这位德国中世纪最重要的哲学家和自然科学家，也是巴黎和科隆的明星教授坐上主教的交椅？而在一年之后却去往雷根斯堡，他为什么要去呢？毫无疑问是教皇派他去的。但是在科隆，阿尔伯特已经多次在棘手的政治局势中证明了身为调停人的能力——为什么他不待在科隆整顿一个管理不善的主教辖区呢？阿尔伯特无须对教皇表现出后世《圣经》故事中所宣扬的那种绝对服从。作为欧洲的思想先驱，他这样地位的人是可以对教皇说不的。因此，他是自愿当这个主教的。

难道是他厌倦了修会吗？对他来说，功成名就却无法享受成功带来的便利肯定不好受。当他不久之前想要再次采购书籍时，修会的严苛章程却让他备感窘迫。然而，这样的生活方式是他自己选择和坚守的。是他厌倦了大学中的无休止争斗吗？本来就有很多人质疑阿尔伯特，因为他不仅研究神学和哲学，并且对于自然研究也同样热情满满。这在很多修士看来是“罪恶的好奇心”。

另一种可能是，这位多才多艺的天才仅仅是在寻找新的挑战。虽然我们不能确定，但是这却和他的履历相符。出身富裕家庭的他，于1223年在帕多瓦加入了多明我会。那时这个男性基督教协会刚刚成立五年。这在当时就像是一场革命运动。出身富裕家庭的他宣誓放弃私产，脚穿凉鞋云游整个欧洲，完全献身于精神和知识。这些行为震惊了统治阶层。罗马方面很勉强地给予这个修会祝福。

在同性群体中过着只有精神追求的无性生活，对那时的年轻男女来说，并没有什么不同寻常。因为当时的家庭子女众多，成年后，他们中只有个别人能够负担得起建立个人家庭的费用。总之，在中世纪，家庭不是教徒生活的首选，甚至只是备选。最重要的是人一生都要信仰上帝，以便告别尘世后能同上帝一起生活。并且牧师、遁世修行者和修会兄弟或者半俗尼（一种女性精神运动）至少还有不错的机会，能够成为一家之长似的人物。

这些已经存在了几百年的修会现在的名声很不好，尤其是本笃会。他们拥有宫殿一样的修道院和大量土地。他们被视为物质至上、道德败坏，置普通民众精神苦难于不顾的人。

因此，年轻人自己创造新的选择——多明我会。多明我会想要辟邪扶正，不愿在庄园里聚敛钱财，而是要到城市里直面众多社会问题。他们渴望知识，也希望能把知识传授给普通民众！不久之后，多明我会就被称为“布道会”。

作为科学家和布道者的阿尔伯特在巴黎用了不到五年的时间就成了最有名的教授。巴黎那时是基督教最重要的大学城。阿尔伯特始终都是一个跨界思想家和个人主义者，在追寻真理的路上他并没有盲目相信权威，而是什么都要自己琢磨透彻。

1248年，阿尔伯特来到科隆，他要为自己的修会建立一所高校，并且要达到巴黎的水准。为了这个目标，他有意识地选择在大城市生活。学生来自欧洲各地。他们这么做不仅仅是因为有机会在学者云集的群体中受教育，同时也是因为这是与时代相符的生活方式。

阿尔伯特自始至终都忠于基督教教义，但他同时也强调，对他来讲，一切观点都值得讨论。他的精神灯塔是不懂《圣经》的古希腊先哲亚里士多德。阿尔伯特在《论理智的统一》一书的序言中写道，他不愿"在阐释问题之前先考虑基督教是怎么看待该问题的"。对于正反两方面的观点他会各列 30 个论据。他也用同样的方式每天和学生讨论。但不是所有的修士都认为如此开放是件好事。不管怎样，阿尔伯特在基督教文化中确立了亚里士多德思想的核心位置，在宗教史上留下了浓重一笔。

顺便要说的是，阿尔伯特在短暂任职雷根斯堡主教期间成绩斐然。他筹集到了资金，调停了旧的矛盾。最重要的一点是他很亲民，作为第一个成为主教和帝国诸侯的乞讨僧，阿尔伯特尽可能紧扎凉鞋，以步行的方式在自己的辖区内来回奔走。很快人们就称他为"穿花鞋的主教"。或许我们真的可以把这个顶级修会政治家想象成为前德国外长约什卡·费舍尔和前德国总统卡尔·卡斯滕的中世纪混合体，但不管怎样，阿尔伯特在取得成功的同时也深受大家的欢迎。不久之后，他就又转向了新的挑战。

00:06

康斯坦茨失利

神学家扬·胡斯的骨灰被撒向莱茵河

1415年7月6日的一分钟

这是一次亵渎死亡的行为。两个走狗样的奴仆身着布满灰尘的便装，推着一辆无盖浴缸形状的推车穿过疯长的野草地和遍地污秽，越过石堆，一直来到莱茵河岸边。莱茵河一路从博登湖流经康斯坦茨，最终流向沙夫豪森。两个男人短暂停下来，擦擦额头上的汗水，各拿起一把木质铁锹，把车上的灰烬铲下来，抛出去。这些灰烬划出一道高高的抛物线，然后落入河中。

灰烬中比较重的颗粒物迅速落向水面，啪啪作响。那些又细又轻的颗粒则随风飘向远处的河面。这些灰烬来自烧尽的木柴、编织物、书籍以及一个人。两个男人铲的时候表情木讷。他们只是奉命行事。

扬·胡斯的骨灰在这里被撒向莱茵河。他来自布拉格，曾是牧师、神学家和大学教授。他来到康斯坦茨，这里正在举行宗教大会。备受争议的教皇、各大主教以及世俗的诸侯都聚集在这里。扬·胡斯来到这里是为了探讨他对教会未来的设想，他认为教徒们要另投他派，因为教皇和主教们的教会已经堕落。

但是当权者却找不到任何赞同扬·胡斯理论的理由。他们把他抓起来，要求他公开放弃自己的一切职务。他拒绝了，并说自己只能追随真理和良知。之后，当权者就命人支起柴堆把他烧死。现在他已不再是基督徒，也不该有葬礼。他的骨灰也要撒出去，连他的灵魂也不可能复活，更不能永生。他应该被永远抹去。

1918年，捷克斯洛伐克建国。不久之后，当时的政府就在布拉格宣布7月6日为法定节日。这一天是扬·胡斯的忌日，是他在康斯坦茨宗教大会上被执行火刑的日子。直到现在，每到这一天，人们依然不用工作。经常待在康斯坦茨的人都知道，每年夏天会有多少捷克人来到这个博登湖畔的城市参观那些纪念这个反叛教徒的建筑，如在老城西部，据说是当年行刑地的纪念碑，在施奈茨大门附近的胡斯博物馆、多明我会修道院，以及今天位于湖边的小岛宾馆。当年教皇、主教和诸侯们曾将胡斯羁押在这个小岛上长达数周，当时的条件极为简陋。

这一事件的影响直至今日依然明显。在15世纪前后，神学、教会同建立民族国家的追求交织在一起，矛盾变得不可调和。在欧洲中世纪的鼎盛时期既没有民族主义也不存在种族主义。所有人无论出身、语言和肤色都在教会的屋檐下成为“基督教共和国”中的一员。“基督教共和国”指的是不同民族和国家组成的基督教统一体。

中世纪后期，个体越来越受到重视。“现代奉献”这种新的虔诚慢慢流行起来。这是一场精神运动，主要分布在法兰德斯、荷兰和莱茵兰地区。运动提倡个人与耶稣基督建立更直接的关系。信众们不愿继续充当修士导演下的看客，而是想要独自祈祷，规划自己的生活。这种思想与那些贸易城市中的中产阶级一拍即合，因为他们在经济上日益成功，自然就自信起来。

随着中世纪晚期的个体化，人与人之间的差别日益显现。这些差别一方面体现在思想、良知和生活上，另一方面表现在出身、心性以及语言上。在德意志神圣罗马帝国治内的布拉格，追求自由的个体同旧秩序的代表之间第一次出现戏剧性冲突。

虽然当权者内部就争斗已久，比如，宗教会议期间有三个独立的教皇，但是他们都在想尽办法维持统一和传统。相反，像英国人约翰·威克利夫和捷克人扬·胡斯这样的全能思想家则要求个人只需追随良知。扬·胡斯在这一点上拒不妥协，而他苦行僧般的生活方式也和教会高层的富足生活形成鲜明对比。很快，他就受到捷克人民的拥戴。但凡关乎宗教，也必然影响政治。

在当时，布拉格一方面是一个德国城市。在中世纪，皇帝还没有固定“首都”，在这种情况下，布拉格应该是皇帝最为重要的官邸所在地。依靠当时的大学，布拉格也是德国人的精神文化中心；另一方面，布拉格又是一个多民族城市。

扬·胡斯

这里生活着萨克森人、巴伐利亚人、捷克人和波兰人。然而德国人却把持了国家、行政、大学和教会中的所有核心职位。捷克人觉得自己才是真正植根于此的当地民族，是人口的大多数，却被外来精英统治。

今天人们对这些事情已经司空见惯了。研究显示，在21世纪初有超过1000个民族群体，他们要求建立自己的国家，这也就是后来伍德罗·威尔逊提出的“民族自决权”。北爱尔兰、库尔德斯坦、斯里兰卡，这些最为轰动的案例，每位报纸读者都耳熟能详。然而，在中世纪后期，种族和民族骚动还属于令人吃惊的事情。因为统一的教会、罗马神学和拉丁语使民族属性显得次要。

扬·胡斯作为神学家至少是部分地抛弃了罗马教义，他只想追随自己的良知。作为捷克人他成为本民族对抗德国统治者的代表人物。背叛罗马教义与对抗德国统治实质是一样的，因此，在宗教大会之前，胡斯被传唤。主教和诸侯们无论如何都要使胡斯放弃自己的学说。同样，在柴堆被点燃前那一刻，一位皇家官员还给过胡斯最后一次机会，让他公开收回自己的异教邪说，从而保存性命。因为这不仅仅关乎神学，整个政治和社会秩序都牵扯其中。

在此背景下，没有人有兴趣在康斯坦茨宗教会议上同扬·胡斯进行神学讨论。他的思想其实并无新颖之处。早已离世的约翰·威克利夫的思想与扬·胡斯如出一辙。也正因为如此，宗教大会上通过决议，要对约翰·威克利夫开棺焚尸。修士们肯定清楚，他们的言论会引发围绕基督教内容的大冲突。这也是他们最后一次成功运用政治权力将教会中的新思想镇压下去。

扬·胡斯因自己的三个神学观点而被判处死刑。第一，他只视耶稣为教会之首，而非教皇。第二，他只承认《圣经》是真理的源泉，这样的话，整个古代以及中世纪的哲学就都变得一文不值。第三，他教导大家，上帝在每个人一出生时就确定了他们的归属，是进天堂还是下地狱。真正的基督徒是上帝甄选出来的团体，人们可以通过他们的善行，而不是僧袍和主教帽辨别出他们。

我经常扪心自问，人们是如何想到这个“先天决定论”的呢？抑或是因为它完美地契合了当时的时代。如果这么想的话，那它就是中世纪秩序和新时代个人化之间的妥协。依然还是上帝事无巨细地安排一切，但是每个个体却又各不相同。所以现在每个人都可以手持《圣经》，拿它来品评自己的生活，最终确定自己抽到的是什么签。

00:07

观点鲜明的男人

马丁·路德被排斥后出于自保受到劫持

1521 年 5 月 4 日的一分钟

马车辘辘作响，摇摇晃晃，一路颠簸。到了图林根森林的边缘，路况也没什么改变。只是山谷变窄，树林渐密，光线昏暗。夜色降临，是时候休息一下了，但是马车继续赶路，经过 5 月的新绿，沿着威拉河驶向阿尔滕施泰因城堡。从沃尔姆斯到维腾堡路途遥远，不得不分秒必争。

马车上的男人既无心欣赏风景也不关心时间。几小时以来，这个近 40 岁的瘦骨嶙峋的男人一直埋头在文字中，此时还没有任何迹象能显示出他日后会发福。整个马车上都铺满了纸张。纸张上有拉丁语、希腊语和希伯来语字母。这个男人就是马丁·路德。他是一名奥古斯丁僧侣，也是一位神学家，对原版《圣经》兴趣浓厚。

路德在沃尔姆斯会议上遭遇滑铁卢。如果没有当地诸侯弗里德里希的保护，他很可能早已身首异处。当时，德国的诸侯们最后一次耐心听取这个异教神学家的言论。当马丁·路德拒绝收回自己的强硬观点时，诸侯们开始排挤他。他们禁止所有德国人收留马丁·路德或者帮助印制他的著作，甚至连阅读他的著作都是被禁止的。诸侯们放逐了马丁·路德。即便有人杀死了他也无须担心受到惩罚。对此，路德平静以对。比起这件事，他更关心那些《圣经》文本。

忽然马蹄急促，乱马嘶鸣，喧闹异常。马车猛地一顿，停了下来。路德目光离开书本。一名士兵费力地打开车门，命令路德下车跟他走。路德急忙收起书页，心想，现在千万别丢个一纸半页的，这是最重要的。士兵把路德抓起来并和他一起骑马消失在夜色中。第二天，路德将会被带到瓦特堡。为了掩人耳目，

马丁·路德

大家在那里都叫他容克尔·约尔格。

马丁·路德所在的萨克森地区的领主是选帝侯弗里德里希，他也是路德的良师益友。路德被弗里德里希手下士兵劫持的时候，在德国已经名声在外。由于同时代的约翰内斯·古腾堡进一步完善了印刷术，使得政治和宗教著作以前所未有的速度得以复制和传播。德国的宗教改革运动也借此成了第一次自开始就有大众传播从旁策应的社会巨变，同时，改革运动的成功也使人可以预见公共权力的力量。伴随而来的是方兴未艾的媒体时代。

对于像马丁·路德这样无人不知无人不晓的人物来讲，放逐的惩罚比以往任何时候都更加难以应对。萨克森的弗里德里希被人称为“智者”，他必须快速想出对策，从而保证路德的安全，因为在他治下的维腾堡大学中，暗流涌动。在哈布斯堡王朝皇帝的带领下，维腾堡、罗马教皇和多数德国诸侯间的关系已经破裂。

1517 年 10 月 31 日，马丁·路德在维腾堡发表了《九十五条论纲》，公开反对赎罪券交易。教堂的这种勾当使人认为用钱就能使自己在死后的考验期里免受炼狱中的刑罚。当时流行的口号原话是：“捐赠箱里金币一响，灵魂跃出火堆。”

紧接着路德要求教会进行“从头到脚”的改革。在 1518 年奥格斯堡的帝国议会上，路德质疑教会教职的权威性。他只认可直接从《圣经》中推导出的理据。之后在莱比锡同神学家约翰内斯·艾克的辩论中，路德进一步质疑教皇的权威性。一场持续数年的争斗就此开始。罗马颁布驱逐令，路德和在维腾堡的朋友们则用论战书回应。

由于萨克森选帝侯的灵活斡旋，1521 年 4 月 17 日，马丁·路德得以在沃尔姆斯最后一次阐述自己的观点。之后忠于教皇的德国诸侯们急迫地要求路德收回自己的言论。但是路德援引良知的自由，拒不就范。此举最终使他成为没落人士。

弗里德里希令手下士兵导演了一出绑架的戏，把路德安置在瓦特堡这个安全之处。路德在这里继续自己的大众传播事业。他只花了 11 周就把《圣经·新约》

译为德语。或者更好的说法是：译成一种萨克森学者使用的语言，因为德语书面语是在这个译本的基础上才逐渐形成的，当然还要算上之后不久的《旧约》译本。人们估计，几年内，超过 1/3 具有阅读能力的德国人将人人手握一本“路德圣经”。

众所周知，旷日持久的神学争论始终没有结束，并且不知从何时起，不仅有德语版和拉丁语版的《圣经》，同时也出现了德国基督教会和罗马天主教会。路德的思想大厦极为复杂，并且不乏自相矛盾的地方，那么这里就有一个有意思的问题：萨克森选帝侯为什么要对这一位神学家如此大力支持，处处维护？

是出于真正的信仰吗？还是为了基督教徒的灵魂救赎？或者有这些方面的原因，却远不止如此。更多是弗里德里希作为德国诸侯第一个意识到其中隐藏的权力政治机会。一个学者群体开始同教皇和皇帝展开论战，通过发放论战书煽动民众。“分而治之”，先播下矛盾的种子，再从中获利——这也是即将到来的文艺复兴时代的政治格言。

早在中世纪鼎盛时期，德国诸侯们就在教皇和皇帝的权力斗争中扮演渔翁的角色。只要现在的反抗规模足够大，就有机会最终使权力的天平向他们倾斜。事实也确实如此。16 世纪 20 年代中期，在对抗农民起义军的战争中获胜之后，诸侯们成为宗教改革中政治上的最大赢家。

中世纪最终分崩离析。宗教改革波及地区的教产被收归国有。这极大增强了诸侯们的权力。他们越发觉得自己是各自领地上的绝对王者。因此从政治影响上来看，宗教改革运动被文化历史学家罗森斯托克 · 胡絮称为“诸侯革命”。

按照罗森斯托克 · 胡絮的说法，“路德及其领主之间的劳动分工”将会影响德国几个世纪。牧师和教授们关心民众的精神建设。国家则负责在经济获得巨大发展的同时，要依照基督教伦理坚决实现社会公平。

这种被后世称为“王位和圣坛联盟”的思想在 19 世纪的德国哲学中达到顶峰。尤其是格奥尔格 · 威廉 · 弗里德里希 · 黑格尔，他设想了一个上帝之国。在这里，个人虽在宗教问题上享有良知的自由，在实际事务中却要完全服从国家的规定。

“路德教派中精神的解放要靠世俗世界中的服从来获得。”瑞士记者弗朗茨·伯克诺关于路德的著作这样写道。由于教徒在俗世中无须成功，而是可以完全信任他的领主。领主会悉心安排一切。所以，在随后的时代，德国精神可以天马行空，可以“抛开俗务”进入真善美的最高境界。

最终的结果是，在德国形成了另一种心性，它与受到宗教改革家约翰·加尔文影响的其他盎格鲁－萨克逊国家不同。在那里，基督教信仰依然必须在实践中践行。政治和经济事关众人。经济上的成功并不是无神般贪婪的产物，而是依靠聪明的人生规划得以实现。

直至今日，受路德教义影响至深的德国人始终诧异于盎格鲁－萨克逊式的个人倡议和责任以及对经济效益最大化的追求。在德国，人们毫无负担地投身于自己喜欢的事物中，并且期望“政治”为他们完美地组织好“所需”的一切。

00:08

百万富翁坦然以对

安东·富格尔跪倒在卡尔五世面前，只为奥格斯堡能幸免于难

1547 年 1 月 29 日的一分钟

一切都经过细致商定。连日来，奥格斯堡的市民们都在和皇帝的大臣们商讨，应该何时何地以何种方式跪倒在皇帝面前，以及到时候具体要说什么话。他们想要通过这个仪式获得皇帝的赦免。皇帝也愿意宽恕这些不忠的臣民。笃信天主教的哈布斯堡王朝卡尔五世又一次处于上风，他刚刚战胜了改信新教的德国诸侯们。这些诸侯结成施马尔卡尔登联盟对抗皇帝。

要不是老熟人不遗余力地为这个富足的施瓦本贸易城市开脱，卡尔几乎不可能这么轻易地就放过改信路德教派的奥格斯堡人民。这个熟人就是安东·富格尔，这个世界上最富有的人。他从位于蒂罗尔施瓦茨的住处匆匆赶来，为的是能够见奥格斯堡使团团长。奥格斯堡人曾将他赶出这个城市，但分支广布的家族企业富格尔根植于此，所以他还是一手策划了整件事情。奥格斯堡人曾再也不愿见到富有的富格尔，只因他忠于教皇，不愿改信新教。但现在，所有人都得指望他。

下午，安东·富格尔和同乡在乌尔姆一个富裕市民的家里等待着皇帝到来。皇帝临时在这个多瑙河畔的城市落脚，为的是休养一下过去一段时间疲惫的身体。派来的代表身着黑色赎罪服站在市民家巨大的宴会厅里。一同挤在这里的还有近 100 人有求于皇帝。不久，卡尔心情愉悦地步入大厅。他是个身材魁梧的南欧人，几乎不会说德语。安东·富格尔和五个奥格斯堡人从人群中挤出来，面朝皇帝。皇帝坐在一把罩着天鹅绒的把手椅上。他们双膝跪地，“为了上帝和他的仁慈，以臣下的谦卑”来请求皇帝宽恕奥格斯堡。卡尔和副首相简短商

卡尔五世

议后，卡尔告诉这些臣民，他将放下“郁积的所有愤怒和厌恶”，只要他们愿意绝对服从于他。奥格斯堡终于能喘口气并延续贸易上的兴盛。

作为那个时代最富有的人，国际大企业家和银行家安东·富格尔跪倒在卡尔五世面前的时候依然遵守宫廷礼仪。像其他臣仆一样，他言行中都显示出对皇帝的绝对服从。当他想要向君主表达自己愿望的时候，比如，希望皇帝赦免奥格斯堡这座被征服的城市，不要洗劫它，不要凌辱这里的民众。这个时候，安东·富格尔就要明确表现出其实并非提要求，而仅仅是在指望君主的恩赐。这就是游戏规则。所有这些不过是一场游戏。

安东·富格尔经常喜欢跪倒在卡尔五世面前，但他内心始终很清楚，权力关系要更加复杂一些。绝非一方是心怀畏惧的臣子，一方是仁慈的君主那么简单。几十年来，富格尔家族同哈布斯堡王朝都处在一种相互依赖的关系中。

如果安东·富格尔当初没有借给卡尔天文数字般的 85 万古尔登金币用来贿赂选帝侯，这个让人下跪的卡尔不可能当上德国皇帝。人们玩的这场游戏的名字就叫中世纪，但是经济适用的中世纪早已一去不返。

对农奴赤裸裸的剥削逐渐被分工获取价值和国际商品贸易所取代。这意味着加冕需要资金，发动战争也需要资金，想要左右欧洲政治同样需要金钱。而富格尔家族不只是有钱，而是富可敌国。

在 14 世纪，富格尔家族依靠娴熟的手工技术、甘冒风险的勇气和辛苦劳作起家。1367 年，汉斯·富格尔作为纺织工来到奥格斯堡。到了 1386 年，他成为纺织行会的主席。他的儿子雅各布凭借毛巾的生产首次拓展了业务。富格尔家族借此取得巨大成功。家族企业、可靠的商业模式、有机的增长，一切都保持在一个稳固的发展框架内。

雅各布的小儿子也叫雅各布。他本来想成为牧师，后来为了与父亲相区别，他被人称为“富人雅各布”。到了他这里才意识到，要赚大钱，就必须同政治权贵结盟。这些权贵管理着经济事务，可以按照个人意愿授予其专利、特权和垄断地位。

1476 年，雅各布·富格尔成功地成为教皇的服务商，负责赎罪券交易。这是一笔回报丰厚的生意。1483年，为了使德国皇帝马克西米利安一世能够在荷兰实现利益诉求，富格尔家族首次借钱给哈布斯堡王朝。

1525年，膝下无子的雅各布死后，他的外甥安东继承了产业。富格尔体系也就此到达了成功的顶点。到1560年安东去世，他一共积累了高达500万古尔登的巨额财富。成功的秘诀在于日益紧密的政治关系网以及同时期贸易关系的进一步拓展，甚至远至印度和南美。安东·富格尔是一家早期德国股份公司的操控者。在公司里，一切都休戚相关，大家彼此依赖。

哈布斯堡王朝不断求助于富格尔家族的金融服务。占领蒂罗尔、意大利战争、征讨法国和土耳其都是富格尔家族提供的资金。回报却远远不止本金和利息：为了有利于富格尔家族，哈布斯堡王朝修改了法律，授予其贸易专利、商品垄断地位以及多重特权。哈布斯堡王朝许给富格尔家族的是遍布欧洲的土地和矿山开采权。输家是所有那些在不断发展的市场上期望公平竞争的人。因为只容许有一家富格尔。

在安东·富格尔行将就木时，他不能继续掌控这个体系。首先他尝试将生意转移到英国，却未成功，之后他逐步拆解公司，并将财产投资在土地和不动产上。但他再也不能摆脱与哈布斯堡王朝的关系。一开始完全依赖政治，之后却又想完全依照企业准则行事，这只能成为幻想。

随着安东·福格尔的离世，富格尔家族的辉煌也戛然而止。毕竟建立在个人喜好上的生意很难持续。但富格尔家族的影响力至今仍是每个参观过梵蒂冈的人都能够记起的。正是这些奥格斯堡的企业家借给教皇所需的资金，他才能雇得起瑞士卫队。

00:09

骄兵必败

布拉格抛窗事件

1618 年 5 月 23 日的一分钟

这是一个凉爽湿润的春日，只有几缕阳光透过小窗挤进城堡的办公间。威廉·斯拉瓦塔和雅罗斯瓦夫·格拉夫·冯·马蒂尼茨身着白领黑底天鹅绒服，头戴醒目的圆帽，坐在厚重的橡木桌旁。地上散满公文。这两位帝国大臣正在向书记员约翰内斯·法布里丘斯口授信件和文件评注。波西米亚处在宽容君主的治下。笃信天主教的哈布斯堡王室同信仰新教的捷克贵族们相互妥协。波西米亚拥有宗教自由，但是皇帝及其代理人的权威不容置疑。

突然，城堡上一片喧嚣。叫喊声、马蹄声和刀剑声响成一片。斯拉瓦塔和马蒂尼茨吃惊地望着彼此。几分钟后，他们就在瓦尔迪斯劳斯厅被近 200 名信奉新教的贵族以及手下的武装士兵给包围了。领头的是一个叫海因里希·玛缇亚斯·冯·图尔恩的人，他向这两位帝国大臣宣布，将马上对他们进行诉讼。双方简单说了几句之后，这两位大臣就被判为罪犯。

之后，手持武器的新教教徒们就冲向了斯拉瓦塔，把他拽到窗口，打开窗户，想要把他扔出去。斯拉瓦塔用力反抗，最终还是寡不敌众。他们抓住他的双脚，把他往外面推。斯拉瓦塔死死抓住窗框。他们抽打着他的双手，直到他的手指出血，不得不放手为止。窗户向下有 17 米深。斯拉瓦塔擦着窗户的外窗台落到了烂泥地里，翻了个跟头，头磕到一块石头上，最终和大衣缠在一起滚进了一条沟里。

随后教徒们把马蒂尼茨也强行扔出窗外。他也进行了反抗，最终也不得不

布拉格抛窗事件

放手，顺着有些坡度的城墙滑到了底，落在离斯拉瓦塔几米远的地方。

最后，那些闯入者把书记员法布里丘斯也扔了出去。然后，他们都挤向窗口往下看。他们不敢相信自己的眼睛，底下的三个人先后爬起来逃走。上面的人匆忙开枪，却没打中。

据说，威廉·斯拉瓦塔、雅罗斯瓦夫·格拉夫·冯·马蒂尼茨和书记员约翰内斯·法布里丘斯在“布拉格抛窗事件”中幸存下来，原因是他们落在了粪堆上。事实上是一系列的有利因素最终使他们仅凭自己的力量就逃过了民众的私刑。

首先，他们更多是滑落而不是坠落，因为布拉格城堡瓦尔迪斯劳斯厅窗下的城墙坡度很大；并且三个人都激烈反抗，紧紧抓住外窗台。这样就不是被抛到空中落下的；此外，体现身份的黑色厚重官服也起到了保护作用；最后还要算上下雨的天气。下雨使地面泥泞，变软。这至少可以降低撞击地面的强度。

即便如此，也还是让人吃惊。三个人从 17 米的高空坠落，竟然没有骨折，并且能够马上起身逃跑。三个人虽然受到惊吓，但还是机智地跑到就近的房子里。房子的主人是严格信奉天主教的首相洛布科威茨，他的妻子波吕科塞纳医治了他们。

斯拉瓦塔头部出血过多，不能继续逃跑。当反叛者发现他的时候，他机敏地和他们周旋活了下来，却把他拘禁在家一年。后来在疗养期间，他成功逃到了天主教势力范围内的巴伐利亚。马蒂尼茨则更快骗过了追捕人。他在首相的家里谎称命不久矣，并让一位牧师给他最后一次涂圣油。就在大家都等着他一命呜呼的时候，而他却乔装成马仆逃往了慕尼黑。法布里丘斯之后没再受到什么纠缠。他只是一名小小的书记员，没人对他感兴趣。

他们三个人很走运，但整个欧洲却自 5 月 23 日这一天开始陷入不幸。这些信奉新教的波西米亚贵族的这次行动是经过深思熟虑的。他们要对哈布斯堡王朝宣战。“布拉格抛窗事件”被视为“三十年战争”的导火索，虽然它不是真正的起因。“三十年战争”是 20 世纪之前欧洲的最大灾难。这时候的德国贵族们与教皇和皇帝之间还很难说得上是实力相当，但他们已经带着各自的军队兵戎相见了。是为了真正的基督教信仰而进行的角力吗？是，却不仅如此。历史学家海因里希·奥古斯特·温克勒总结得很精辟：“这从来都不是一场纯粹的宗教战争。”

1648 年，《威斯特法伦和约》分别在明斯特和奥斯纳布吕克达成。此时，德意志帝国 40% 的农村人口和约 1/3 的城市人口消失了。一度繁荣的贸易城市成为一片废墟，整个地区都变成了无人区。在受战争波及最为严重的地区，只有 1/3 的人口幸存下来，这些地区包括波美拉尼亚、梅克伦堡、勃兰登堡、西里西亚、萨克森、图林根、符腾堡以及普法尔茨地区。

不仅是德国的诸侯们彼此开战。不久之后，其他欧洲势力也加入了战局，主要是西班牙、法国、丹麦和瑞典。因为他们从中看到使欧洲版图有利于自己的机会。整个德意志帝国都成了战场，没有人费神考虑要避免伤及平民。

无论是什么部队，包括为钱战斗的雇佣兵，他们所到之处，农民和市民遭到超乎想象的残忍方式严刑拷打和杀害。妇女遭到凌辱长达数小时之后被杀害，儿童也被屠杀，男人被各种各样超乎常理的方法折磨、侮辱。新的时代就以这样一种中世纪从未有过的野蛮方式登上了历史舞台。

正是那些点燃战火的人最终又以胜利者的姿态出现。这显得滑稽可笑。现在，那些诸侯是真的不会再有对手了。在很多地方，那些中世纪后期的骄傲市民，即便活下来，也一无所有。那些幸存下来的农民被劫掠之后，一贫如洗。诸侯们成了强大的政治势力。不过，这时候也确实需要这样一种力量来重建国家。

这样的话，德国就为未来几个世纪不受束缚的诸侯专制统治铺平了道路。诸侯们的军队和官员是其权力的支柱。富丽堂皇的宫廷则是其表达自我的舞台。建立在个人明智、行为负责基础上的市民社会则在其他地方开花结果，如英国、荷兰、瑞士。

从此，德国也被分割为天主教区和新教区。1555 年达成的《奥格斯堡宗教和约》的有效性再次获得认可。和约规定，为消除宗教改革带来的敌对状态，未来应该由领主们决定臣民信奉何种宗教。比如说，在属于新教区的纽伦堡，如果有人要忠于教皇的话，就不能待在家乡，而必须搬到天主教区的班贝格。

德国在“三十年战争”之后就像一张布满补丁的地毯，上面分布着大大小小的领地。伯爵或者男爵在自己巴掌大的领地里依然可以有教皇和皇帝的感觉。德意志神圣罗马帝国虽然尚存，但只能勉强算是一个空壳。战争对经济的破坏在一个世纪之后依然可以感受到。由于在欧洲其他地方出现了成功的民族国家，德国人逐渐有了自卑情结。这种情结在 19 世纪的进程中突然转变为狂热的民族主义。

00:10

自封的王国

勃兰登堡的弗里德里希自封为普鲁士国王

1701年1月18日的一分钟

柯尼斯堡王宫的宴会厅沐浴在冬日明亮的阳光下，遍布整个大厅的金箔闪闪发光。前一天夜里还下了雪，冰雹从雷声隆隆的天空砸下，撞击到结冰的地面，啪啪作响。现在是星期二上午9点之前，天空一片蔚蓝。

宴会厅一头的双层门逐一打开。一名瘦小的男子迈步进来，长鼻子、薄嘴唇，身着一件暗红色短裙，上面绣满黄金。每颗纽扣上都镶着一枚价值3000杜卡特金币的钻石。短裙上面是一件亮红色天鹅绒大衣，领子上缝着最为华贵的银鼬皮。大衣上是同样布满雄鹰和王冠图案的金绣。固定斗篷的搭扣奢华至极，上面装饰着三颗硕大的钻石，价值相当于一整吨黄金。

长号小号同时响起。聚集在大厅里的贵族和大臣们都身着盛装，充满敬畏地屏住呼吸。勃兰登堡的弗里德里希缓步走向大厅中间的王座。他尽情享受着万众瞩目居高临下的感觉。落座之后，侍从递给他一顶金光闪闪的王冠。弗里德里希双手接过王冠戴在头上。紧接着，他的目光扫过大厅。伴随着一阵窃窃私语，在场的人都弯腰鞠躬。

音乐再次奏响，新国王起身，步入隔壁房间。王后苏菲·夏洛特在那里等着他。王后身穿金色面料的长裙，上面织着罂粟花。所有的线缝处都缝上了钻石，胸口是一块钻石制成的独一无二的宝甲；右边是一束华美至极的珍珠，外面套着一件和国王一样的亮红色绣满金色雄鹰和王冠图案的大衣。弗里德里希也给妻子戴上了一顶王冠。之后两人迈着极为缓慢的步伐去往教堂，为的是让一个既信奉加尔文又支持路德教派的神父给他们涂油。

被19世纪的历史学家戏称为“矮人弗里德里希”的首位普鲁士国王像一棵被装饰过的圣诞树一样参加了加冕仪式。这位霍亨索伦家族的后代极爱慕虚荣又乐于享受，完全没有新教教徒的样子。他想要策划一场百年后依然能被人记起的加冕典礼。本书的这些文字再次证明了他的成功。但他为什么要来这么一出呢？

简而言之，作为那些“伟大选帝侯”的继任者，勃兰登堡选帝侯弗里德里希日益感觉到，自己在欧洲贵族的权力垄断中被当作二流统治者对待。这个念头使他饱受折磨。曾出现过一些侮辱性的场景，比如说座椅这个事情。当他在克莱沃同英国国王奥兰治威廉三世会面的时候，盎格鲁－萨克逊的礼宾司竟然给他安排了一把极为寒酸的椅子。相反，加冕过的英国国王却可以把双手放在舒适的椅子把手上。弗里德里希气急败坏，吃饭的时候索性就回到房间去了。

即便在当时欧洲诸侯最爱的游戏上——发动战争和扩展边界，弗里德里希也稍显逊色。普法尔茨战争是最早的为了领土诉求而发动的战争。随着这种模式化战争的进行，人们可能也已经忘记了开战的缘由。勃兰登堡人虽然也被允许参战，但是战后在荷兰莱斯维克举行的和谈中，却被迅速告知，蛋糕没有他们的份儿。

弗里德里希迫切需要应对之策。但是鉴于目前欧洲权贵诸侯间的竞争，不能不切实际地指望天降王座，虽然他之前每过几十年就可以继承一个。不知从何时起，这个霍亨索伦家族的男人有了一个荒唐的想法，他考虑着把自己治下的其中一个地区变为一个王国。这样他就可以当国王了。

其实别人可能也想到了这个主意。但问题是，如果没有马上获得外交认可，即便是最奢华的加冕，也不过是一场尴尬的不当之举。但是不知从何时起，弗里德里希似乎找到了应对之术。在偏远的东部，他拥有一块危机四伏，以农业为主的地区，名叫普鲁士。这块地方是他从德国骑士团的最后一位首领那里继承过来的，因为这位首领同样出身于霍亨索伦家族。好的地方在于，这一地区并不属于瓜分秩序早已定死的德意志神圣罗马帝国。

普鲁士的首都叫国王山，名字饱含深意。如果弗里德里希在这里加冕的话，

自封的国王加冕仪式

虽然他只是这个偏远的普鲁士的国王，但是绝对没人会反对他在自己家里可以时不时地戴戴王冠。萨克森的选帝侯最终也如法炮制。他吞并了波兰，并在那里接受了王冠，而且让德累斯顿的人民称呼他为“陛下”。

但是整个事情只有在至高无上的德皇同意的情况下才能成功。当时的德皇叫莱波尔德，坐镇维也纳，是哈布斯堡王朝的主人。一开始他对弗里德里希的计划并不感到高兴。他很傲慢地回复弗里德里希的外交使臣，我们不需要“一个波罗的海边的强盗皇帝”。这就使那笔高达30万塔勒用于贿赂维也纳高官的钱好似打了水漂。

但是随后，莱波尔德的态度有所缓和，具体是因为一笔极为诱人的无本买卖。在西班牙的王储争夺战中，勃兰登堡愿意无偿提供8000名士兵，用来支持哈布斯堡王朝。随着战争局势愈来愈严峻的发展势头，莱波尔德对这样的支持自然求之不得。此外，他准确估计了弗里德里希的野心。很明显这个目中无人的小个子还另有所图。那么最好的做法就是及早把他拉拢到哈布斯堡皇室这一边，这样就可以阻止不利于己的军事联盟出现。1700年9月16日，德国皇帝为勃兰登堡的弗里德里希签发了所谓的加冕协定。

至此，弗里德里希再没有任何阻碍。几乎整个宫廷、三个中队的保镖和上百瑞士人陪同国王和王后前往650公里以外的柯尼斯堡。加冕仪式之后，人们在王宫广场上烤全牛。两口井里盛了4000升红酒。整整6000塔勒的金银币被撒向民众。

王后苏菲·夏洛特，这个远比丈夫聪明的汉诺威人认为整件事很荒唐，她将其称为“加冕闹剧”，并表示永远不会原谅丈夫。在弗里德里希临终之前，她让人传话给他，嘲讽道，他现在马上就“有机会享受奢华的葬礼仪式”了。

整个加冕仪式耗费600万塔勒。勃兰登堡的年财政预算才400万塔勒。东部的支出需求总是要高于其经济实力。但是国库的这笔花销最终物有所值。短短几十年，之前被人嘲笑的普鲁士王国成了真正的欧洲强国。

00:11

学者齐聚一堂

科学学会在柏林隆重开幕

1711 年 1 月 19 日的一分钟

莱布尼茨和国王都没有现身。但这对于学者们来说无关紧要。历经 10 多年时间才最终使当时还是勃兰登堡选帝侯的弗里德里希签署了“科学学会”的基金会文书。在此期间，弗里德里希在柯尼斯堡高调加冕，成了普鲁士国王。作为基金会的精神领袖和主席，戈特弗里德·威廉·莱布尼茨想让这个“科学学会”成为与伦敦皇家学会以及巴黎的法国科学院齐名的机构。10 年是一段漫长的创建期，期间大量重要工作被迫压后，资金短缺，建筑计划一拖再拖，国王的态度也发生了改变。

这一小撮散沙般的科学家在这个 1 月的午后前往当时的末路街，这里是国会议员办公室所在的多罗廷大街。学会的创建典礼要在这条街上新落成的天文台会议室里举办。创建委员会的两位成员丹尼尔·恩斯特·杰布隆斯基和约翰·雅各布·朱诺安排好一切，又临时修改了一下学会章程，简明扼要地向供职于汉诺威的主席莱布尼茨汇报了典礼流程。这些科学家并不指望他能出席典礼。国王则更偏爱热闹的庆祝活动。昨天他庆祝了自己加冕 10 周年，今天安排的是同样奢华的黑鹰骑士团的团庆。

部长马夸德·路德维希·冯·普林森一上午都在和宫廷名流们参加骑士团的团庆。只是趁着午饭和下午咖啡的间隙来到这些学者中间，做学会的开幕主持。他在门口受到迎接，之后在陪同下踏上了陡峭的木楼梯。在装点隆重的会议室里，他和学会四大学科（数学、自然科学、语言、历史）的头头们一同落座于长桌旁。之后，他发表了简短的讲话并将学会大楼的钥匙和印章派发出去。这些东

前普鲁士国家科学院大门，今位于柏林国家图书馆内院

西之前已经在桌子上整齐划一排开。在场的这一小群人礼貌性地鼓掌，其中包括从外交礼仪上来说级别最高的客人——英国大使馆的牧师。首先是新的讲话、诗朗诵；然后是漂亮的珍玩被传来传去；最后是比较轻松的环节。

戈特弗里德·威廉·莱布尼茨被视为最后一个全才。他所处时代的精神和所有知识在大脑中融为一体。他于 1646 年出生在莱比锡，之后主要在汉诺威以科学家和外交家的身份工作，此外，他也是哲学家、数学家、物理学家、历史学家、神学家和法学家。还发现了人的潜意识以及微积分。他曾表示，“一醒来，灵感就多得花一天时间都不能记录下来”。几十年后，法国启蒙思想家同时也是著名的《百科全书》的作者之一的丹尼斯·狄德罗认为：“莱布尼茨一个人给德国带来的荣誉相当于柏拉图、亚里士多德和阿基米德加起来给希腊带来的荣誉。”

在哲学领域，莱布尼茨是最后一个形而上学学者。在所有显著的，不断加快向前的现象变化中，他相信世界的统一性和整体性。就像他可以同时研究自然现象和上帝、数学和语言、医学和心理学，并且不觉得其中有什么矛盾的地方。他也愿意将宇宙理解为一种巨大而又和谐的相互关系。他的“单子”作为事物本质的理论秉承了亚里士多德唯物主义形而上学的传统。

莱布尼茨拥有与其思想相匹配的预见性。他想要创建一个由各个学科的顶级学者组成的团体，即“科学学会”，在这个学会中，所有人都通过紧密如网的联系以及不断的知识交流丰富自身。与英国和法国不同的是，这个学者团体并不应该单一的以自然科学或者人文科学为导向，而是所有知识领域的带头人都应该互相探讨，彼此学习。并且不能局限在象牙塔里，要“能为生活所用”。莱布尼茨在 1676 年的一份备忘录里就已经提出这样的要求。

莱布尼茨最乐于见到的其实是一个全德国的学会。但这在维也纳的皇室那里是不可能实现的。在 1700 年左右的维也纳，阴谋算计大行其道，只有到手的权力才算数。之后莱布尼茨就利用了勃兰登堡选帝侯弗里德里希的虚荣心。弗里德里希正计划着成为国王并热切盼望能有合适的东西来提升自己的声望。只是这个选帝侯也就是后来的国王在签署了捐助信之后才发现，在举办宫廷庆典的情况下，已经没有太多钱富余下来可以捐给科学了。1705 年王后苏菲·夏洛特死后，莱布尼茨失去了一个亲密朋友同时也是一位重要的支持者。夏洛特堡就是以她的名字命名的。

学会工程止步不前。1711 年 1 月，所有建筑才终于完工。此时，正式的完工仪式却变成了一个小规模的敷衍活动。人们甚至不希望在这个仪式上看到莱布尼茨。1716 年，莱布尼茨孤独而又失望地在汉诺威去世。

虽然现在学会成立了，却缺少莱布尼茨所渴望的能够赋予学会灵魂的学者。同时缺少的还有资金，但最主要的是缺少普鲁士当局的理解和支持。下一任国王弗里德里希·威廉一世，也被称为“士兵国王”，是一个专制的惩治专家和拥有怪癖的伪君子。他将科学视为“空洞的公式和虚假的华丽”。尤其令人感到羞辱的是迫使学会承担他手下那些蠢货的花费。

直到威廉一世的儿子弗里德里希继位，戈特弗里德·威廉·莱布尼茨的远见卓识才被人理解。弗里德里希将普鲁士科学学会变为欧洲范围内的精神中心。他之后被人称为“弗里德里希大帝”以及“无忧宫的哲学家”。在执政伊始，他就对学会进行新的架构，将最好的学者都笼络到柏林来。学会发布有奖征答，公开讨论当时悬而未决的科学难题。当时的应征者包括让·达朗贝尔和伊曼纽尔·康德。

学会成员的名字也逐渐为人所知。除了康德和达朗贝尔以外还有数学家莱昂哈特·欧拉、哲学家伏尔泰、科学家查理·路易·孟德斯鸠以及作家戈特霍尔德·埃弗拉伊姆·莱辛和克里斯多夫·马丁·威兰德。

弗里德里希之后的第二任普鲁士国王在 1815 年创建了柏林大学。学会不得不把很多职能分给大学。但学会作为思想工厂的特性却不曾改变。这个庞大的科学团体和所谓的委员会，为德国 19 世纪科学的繁荣做出了实质贡献。

亚历山大·冯·洪堡和威廉·冯·洪堡在这里发现了开展工作的最好条件。同样属于学会成员的还有历史学家巴托尔德·乔治·尼布尔、数学家卡尔·弗里德里希·高斯和皮埃尔·西蒙、神学家弗里德里·希施莱尔马赫、法学家弗里德里希·卡尔·冯·萨维尼、古典语文学家弗里德里希·奥古斯特·沃尔夫、动物学家乔治·居维叶、天文学家弗里德里希·威廉·贝塞尔。正如莱布尼茨所期望的那样，有着不同研究重点的顶级学者齐聚一堂。

00:12

救命！救命！否则我将一败涂地！

年轻的女大公玛丽亚·特蕾西亚面对匈牙利代表

1741 年 9 月 11 日的一分钟

上午 11 点钟，普雷斯堡宫殿大厅。整个房间彰显着巴洛克式的庄严华贵。墙上的天鹅绒窗帘削弱了众人的窃窃私语声。这里高居多瑙河之上。大厅里多数是白发苍苍的男人。他们身披华丽披风，许多披风上还缝着银鼬皮。每个男人的裤腰处都挂着一把佩剑。

所有人都望着大厅的一头。两级台阶上是一个台子，上面是一个镀金王座，王座上盖着一张巨大的深红色华盖。远处的男人们身着黑色公服，头戴白色长发套，将王座围起来。王座虚位以待。这些男人在等待他们的君主。而这个君主却是一个女人。奥地利的女大公将向聚集在这里的匈牙利掌权贵族代表请求军事援助。

她进来了，玛丽亚·特蕾西亚看起来如少女般年轻。在男人们的夹道欢迎下，她走向王座。内敛，坚定。女大公在王座坐下，匈牙利宰相第一个发言。他控诉对哈布斯堡王朝毫无道理的攻击。之后，大主教作为代表向女王承诺，匈牙利会提供援助。

最后，女大公开口道："我们的处境很不乐观，不能再隐瞒各位了，事关匈牙利的存亡、王位的延续、我们以及子女的安危。"她声音哽咽，泪流满面。"即便被所有人背弃，我们依然会将自己和我们的子女托付给兼具美德和忠诚的匈牙利人民。在这样的危险中，我们必须动用武力。我们坚定地相信各位代表，相信你们的爱与忠诚，相信你们会施以援手。"

之后匈牙利贵族窃窃私语，其中一人喊道："我们愿为玛丽亚·特蕾西亚

奥地利女大公玛丽亚·特蕾西亚

女王献出生命。”

这句话是匈牙利代表们在可能是德国历史上最知名的哭泣场景之后喊出的誓言。年轻的玛丽亚·特蕾西亚那时精神几乎崩溃。作为哈布斯堡王朝的新主人，她忧心忡忡地前往普雷斯堡，也就是今天的斯洛伐克共和国首都——布拉迪斯拉发。普雷斯堡直到1919年一直属于匈牙利，并且自中世纪以来一直是匈牙利国王的加冕地。

实际上，24岁的美丽女大公处境确实狼狈。半个欧洲都在觊觎奥地利的王座。在巴黎、马德里、柏林、慕尼黑和德累斯顿，人们早已开始蚕食帝国的边界。在所有这些地方，人们都盘算着最好能全盘接管哈布斯堡王国。雪上加霜的是，美泉宫的国库空虚，奥地利的部队散布各地，士兵又因为薪水微薄而无心作战。

普鲁士的弗里德里希二世，同样也是欧洲权力集团中的新贵，和玛丽亚·特蕾西亚年龄相仿。在奥地利的所有敌人中，他是最过分的。他抢走了经济高度发达的西里西亚地区。玛丽亚·特蕾西亚依然处于震怒中。那可是她喜爱的西里西亚啊！这个普鲁士的浑蛋国王！

事情究竟是如何发展到如此境地的呢？玛丽亚·特蕾西亚的生活从一开始就令哈布斯堡王朝和奥地利人感到失望。莱波尔德是卡尔六世皇帝的独子并因此被指定为王位继承人，却意外英年早逝。所有人都期盼着皇室能够再添男丁，结果生的却是一个女孩！

在没有男性王位继承人的情况下，卡尔皇帝不得不颁布《强制实用措施》。这一文书于1713年4月19日公布。被用来确保哈布斯堡治下之地永不分裂。如果出现没有男性继承人的情况，可以拟定一位女性王位继承人。没有人希望出现这样的情况，因为大家都清楚，在一个男性主导的社会，这一规定是站不住脚的。其他欧洲诸侯会快速以此为由提出领土要求。在土地作为最重要生产要素的时代，所有人都渴望获得更多领地，就如同后来的工业社会没有人觉得钱多一样。

卡尔六世期望妻子能再生一个儿子。至于可能有一天真的要由玛丽亚·特蕾西亚来治理国家，对于这样的紧急情况，卡尔几乎毫无准备。对待女儿，他更多是按照凡尔赛路易十四的宫廷教育家弗朗索瓦·费内龙的建议来做的：“熟悉女性思想弱点的人会觉得让女孩子从事研究是不妥的，这会损坏她们的头脑。她们以后既不需要治理国家，也不必发动战争，更无须出任神职。”

这绝不可能！但是一切都事与愿违。玛丽亚·特蕾西亚继承并把持着王位。出乎所有人的意料，这位年轻女性有信心治理国家。她的丈夫弗朗茨·斯蒂芬是洛林一个年轻漂亮却幼稚的公爵。他满足于在日常生活中仅具有装饰作用的皇帝头衔。还从未有哪个德国诸侯把这一头衔让与一个女人。否则的话，在介绍玛丽亚·特蕾西亚的时候，她的名字后肯定跟着“弗朗茨”这个名字。

玛丽亚·特蕾西亚履新时所面对的情况确实足以让人号啕大哭。回顾往事的时候，她写到了历史上几乎没有哪个加冕的君主，必须要在困难的局势下接手治国之任。玛丽亚·特蕾西亚丝毫没有退缩：“一开始我就打算平静而又坚定地处理那些我负有责任的治国事务。仅仅依靠上帝，即便我不主动要求，他也会选我来掌控大局。”

每个人都知道玛丽亚·特蕾西亚是多么热爱和平。但现在她却必须在战争时期学习治国方略。首先是大家对“强制实用措施”的质疑引发了奥地利继承权战争。紧随其后的是七年战争。幸运的是玛丽亚·特蕾西亚总能找到盟友，不仅仅在匈牙利。并且她也没有因所有这些血腥战争而屈服。她名垂青史的成就包括哈布斯堡王朝在之后的100年里基业稳固。

好像她碰到的问题还不够多一样，这位德国第一女性同时还成了一国之母。奥地利人民热爱并敬重她。她在20年之内生育了16个孩子。在别人同她谈到多子的话题时，她说：“多多益善。”

她始终忠于自己的丈夫。相反，弗朗茨·斯蒂芬对待婚姻的承诺却并不十分认真。玛丽亚·特蕾西亚对此一清二楚，这要归功于维也纳宫廷内得力的监视机构。也是这个原因，玛丽亚·特蕾西亚在1747年建立了“贞洁委员会”，这是秘密警察的特别指挥部。它从创建之日起就不仅仅要监视女王陛下丈夫的私生活，而且要监视所有奥地利人的私生活。仁慈的女王陛下始终棋高一着。

00:13

“音乐的奉献”

约翰·塞巴斯蒂安·巴赫在波茨坦面见普鲁士国王弗里德里希二世

1747 年 5 月 7 日的一分钟

国王急不可耐。约翰·塞巴斯蒂安·巴赫坐在去往波茨坦的马车里，感觉并不舒服。巴赫是莱比锡圣托马斯教堂的唱诗班领唱，同时也是所处时代最多产的音乐家之一。这位 62 岁的老人患有眼疾和右臂运动障碍，已经目不能视，马上也不能在信上落款了。此时，他感觉疲惫，但他却很高兴，因为能再次见到儿子卡尔·菲利普·伊曼纽尔·巴赫。伊曼纽尔在波茨坦作为室内羽管键琴演奏家服务于国王弗里德里希。巴赫此行希望能够在普鲁士宫廷谋个一官半职，因为他同莱比锡市议会的关系已经不似往日那么融洽。但首先他想要休息一下。现在是周日晚上，休息的时间。

国王却没有耐心。一听说巴赫抵达了波茨坦，就马上命人传令，让巴赫速到无忧宫。35 岁的国王情绪亢奋，新宫殿刚刚落成，他将其命名为“无忧宫”。一周之前才搬入这所洛可可式建筑。这个建筑确实好像悠然漂浮在一块梦幻般的葡萄园上。作为一个音乐爱好者和充满热情的笛子演奏者，弗里德里希把无忧宫塞满了各式各样的新式乐器：15 台出自大师戈特弗里德·西尔伯曼之手的最新一代“高低音”钢琴，甚至还有一些本地大师约阿希姆·瓦格纳设计的管风琴。弗里德里希迫不及待地想要向伟大的巴赫展示一下这些乐器，并想让他试奏一下。

当巴赫抵达的时候，宫廷上下（仅限于男性，其中一些年轻俊美）为每晚的室内乐而聚集在一起。弗里德里希充满热情地向巴赫展示新乐器。然而，这个年老而又疾病缠身的男人很难体会国王的热情。但他至少还是要证明一下自

约翰·塞巴斯蒂安·巴赫

普鲁士国王弗里德里希二世

己即兴创作的天赋。弗里德里希在一架钢琴旁坐下，给巴赫出了一个三声部赋格曲的题目。年老的大师驾轻就熟地完成了这个任务。之后弗里德里希更进一步，要求巴赫用六声部来完成这个赋格曲。巴赫眉头紧锁，思考片刻后向国王解释道，出的题目好得出乎寻常，他想把它规范地写下来，然后让人刻成铜版。之后，巴赫从钢琴旁起身告退。

巴赫一回到莱比锡就马上着手把国王指定的旋律分别谱成三声部和六声部的赋格曲。还细心地添加了十首卡农曲和一首四节三重奏奏鸣曲。他把所有有难度的音乐技巧都加了进去。国王的主题贯穿这一小小作品集中的所有曲目。

巴赫对这作品感到非常满意，之后他找人把作品刻成铜版印刷，并将作品称作“音乐的奉献”，因为这是献给国王的礼物。巴赫觉得，这是国王给他的任务。对于作品中的赋格曲，巴赫用拉丁语写了“受国王之命谱曲，循卡农之艺作其他”，好像一位完成任务的手艺人，而不是一个自负的艺术家。出于礼节，巴赫把作品寄往波茨坦，却从未获得国王弗里德里希的感谢或者是一次对其给予肯定的接见。

实际上，巴赫作为作曲家一生都无甚名气。而与他同时代的乔治·弗里德里希·亨德尔和乔治·菲利普·泰勒曼却都已名声大噪。巴赫更多是作为演奏家而受人敬仰。同时也被视为即兴表演的天才和谙熟各式乐器的大家。正因如此，国王弗里德里希才会邀请他前往波茨坦。巴赫要演奏，鉴定最新的乐器，并且要用这些乐器即兴演奏。对于作曲艺术，弗里德里希手下另有他人，主要是曾经的笛子老师和现在的宫廷作曲家约翰·约阿希姆·克万茨。

在那个时代，作曲家本就不受重视。即便是天赋异禀、著作等身的巴赫也同样如此。在有关巴赫的自传中流传下来的无非是他曾在何处供职（最后是在莱比锡）的平淡事实。巴赫长久以来都是被低估忽视的音乐家。沃尔夫冈·阿玛迪乌斯·莫扎特和路德维希·范·贝多芬都认识到了巴赫的伟大，并借助其作品发挥了各自的能力。但真正使他家喻户晓的是之后的浪漫派音乐家，并且首推费利克斯·门德尔松·巴托尔迪。他在1829年表演了修订版的《马太受难曲》。从此之后，德国人的音乐生活就再也离不开巴赫。但这距巴赫去世已有80年光景了。

普鲁士在国王弗里德里希二世统治前后经历巨变。勃兰登堡——普鲁士是沙质土壤，土地贫瘠，因而被人们戏称为“神圣罗马帝国的散沙罐”。弗里德里希却使它成了欧洲大国。

“我要像亚历山大大帝一样豪情万丈地去占领新世界”，弗里德里希20岁时在一封信里这样写道。那时，他还是王储。在1740年继位之后的数月内，他就同奥地利开战，占领了经济发达的西里西亚地区。终其一生，他都采取极为强硬的外交手段，不惜动用武力来实现外交利益。莫尔维茨、霍恩弗里德贝格、罗布西茨、罗斯巴赫、罗伊藤、霍恩多夫、利格尼茨和托尔高，这些都是他的战利品。这是弗里德里希的其中一面。

另外一面的弗里德里希在当国王的前一年就在一篇法语名为《反驳侯爵马基雅维利》的文章中写道：“一个国王绝不能舍弃善良、公平和宽容所带来的美誉，偏爱作为占领者而享有的糟糕名声。他扪心自问，到底是什么促使他人将其视为‘善于制造苦难和铲除异己的人’。”

弗里德里希喜欢自视为一个“开化”的君主。他热衷于文学和哲学，乐于看到在自己的统治下能够接近理想中的“法治和公平”。他进一步废除了刑讯，实现了宗教自由。秉承莱布尼茨的精神，他使科学学会成了欧洲的思想中心，同时允许被他父亲（“士兵国王”）驱逐的哲学家克里斯蒂安·沃尔夫回到普鲁士。

国王弗里德里希二世大力推动法律和行政改革，招揽胸怀大志的人，成立一个令人耳目一新的经济促进项目。为了能够为这些政策提供财政支持，弗里德里希对人民课以史无前例的重税。这个无所不管的税收国家极为完美，完全称得上成功。所以他从不理解民众的抱怨声，也容不得他人反对。在因不讨喜的言论而被国王弗里德里希二世下令逮捕或者驱逐的名单上不乏一些名人，如赫尔德、莱辛、克洛卜施托克、维兰德、温克尔曼，还有巴赫、卡尔·菲利普·伊曼纽尔·巴赫。

弗里德里希同约翰·塞巴斯蒂安·巴赫在1747年的会面使两种性格得以

交锋。这两种性格对经历了宗教改革和“三十年战争”的德国来讲影响深远。一个是极为自我、非政治、才华横溢、内向、虔诚、勤奋、只相信上帝的仁慈，简而言之，是精神世界的人；另一个则是国家核心人物，处于统治地位，理性、高效、残忍、脆弱、自以为是达到狭隘地步，简而言之，是一个权力世界的人。

德国曾经缺少并将继续长时间缺少的是能将精神才能同实践智慧融为一体的人；缺少的是自发为集体承担责任的人；缺少的是与更高道德相较，更偏爱出色事实论据的人。这么说来，德国曾经缺少的其实是民主人士。

00:14

为何要研究历史？

弗里德里希·席勒作为新教授站到讲台前

1789年5月26日的一分钟

大学生们已经站到了大街上。好像所有人都想出现在新教授的第一堂课上。现在是晚上5点半。弗里德里希·席勒会在6点整开讲“综合历史导论”课。这学期他会每周二、周三晚上上这门课，每次一小时。这上课时间对于这位29岁的讲师来说正好合适。多年来，他早已习惯中午起床，下午到晚上的早些时候做分内的工作。直到深夜才会开始真正的工作——写作、研究哲学以及思考历史。

然而，这堂课根本无法开始。在“莱因霍尔德礼堂”的入口处，上百人挤在一起，相互推搡、咒骂，却也解决不了问题。这个位于耶拿约翰内斯大街的礼堂比一般居民家的客厅大不了多少。这所规模不大却名声在外的大学的领导层分配给席勒的这个教室实在是太小了。怎么办呢？席勒束手无策。

这时，神学教授约翰·雅各布·格里斯巴赫赶来解围。他拥有耶拿最大的私人礼堂。这个礼堂本来是他宽敞住房的一个低矮侧房。他的住房紧邻之前的城堡办公处。格里斯巴赫把这个房间给了席勒。席勒欣然接受的同时顿感轻松。学生们一听到这个消息就叫嚷着沿街一路向下朝着格里斯巴赫的大教室奔去。每个人都想要最好的位置！这座闲适小城的人们目睹这一场景大为诧异。他们暗自发问，发生了什么事情？人群中的席勒像被荣誉警卫护送着一样进入了教室。这个教室依然太小。

席勒终于站到了讲台前。他身形高大，长发披肩，衣领敞开。教室顿时鸦雀无声。教授面向听众说道：“我深感荣幸和喜悦，未来能同各位一起漫步于一片天地。它能给善于思考的观察者提供诸多可资学习的对象，给活跃的交际家完美的榜样以资模仿，给哲学家重要的启发，并且会无差别地带给所有人源源不断的高级娱乐。”席勒就是这么看待人类历史的。

席勒当时是青年偶像。这个看起来很年轻的作家、历史学家和哲学家令德国西南的青年一代为之疯狂。1782 年 1 月 13 日，他的第一部戏剧在曼海姆首演。当时的一篇报道这样描述：“剧院如同一家疯人院——滴溜乱转的眼睛、紧握的拳头、咚咚顿地的双脚、观众席上沙哑的嘶喊！陌生人呜咽着彼此相拥，女人们步履蹒跚，近乎昏厥地走向门口。”

难道是“东京旅馆”摇滚乐队来了吗？不是，是戏剧《强盗》。这部剧讲述的是一个出身贵族的年轻人同家庭决裂，将亲属关系视为“精神与肉体和谐关系的可笑终结”，并最终作为一个地区恐怖分子团伙的首领认罪服法。在此之前他奸污了一个富有银行家的女儿，并在一次决斗中将女孩的未婚夫杀死。

席勒就是这部剧的作者，这使耶拿的学生们欢呼雀跃。这是 1789 年，法国大革命发生的那一年。浓厚的启蒙氛围弥漫整个欧洲。地方贵族诸侯的专制统治终于要结束！资产阶级摇晃着权力之门。虽然他们还没有政治影响力，但所受过的教育、正直品格以及充满人情味比那些嗜好权力的贵族加起来都多。至少那些资产阶级的年轻子女是这么看的，即便是他们上的大学由贵族资助。

席勒有可能是德国历史上最具资产阶级思想的反叛者。他曾写道：“真正的政治自由是最完美的艺术品。”但是法国大革命的后果、断头台和街头势力的统治将马上令他感到恐惧。美、礼、德对这个自由诗人来说是神圣的。

1794 年，席勒在歌德那里待了两周。期间，歌德隐瞒了同居生活伴侣克里斯蒂安娜·符尔皮乌斯的关系。这种发生在身边的“未婚同居”现象令席勒感到厌恶。与歌德不同，席勒出身贫苦。他必须以才谋利才能糊口。他并不是真正的叛逆者。理智与情感、启蒙与浪漫、秩序与热情都集中在他身上，构成了一块奖牌的两面。

即便是席勒这样的理想主义者也并非不切实际。席勒觉得历史并非自己的强项，但他依然同意做一名历史学教授。虽然极为不满，但还是接受在完全没有任何报酬的情况下从教，目的是提升知名度，使自己作为作家更加成功。

席勒在今天被视为德国的国家诗人，常同歌德一起被人一口气列举出来，虽然他同这位并不亲密的国宝级艺术家朋友在性格上并无太多交集。2005 年席勒逝世 200 周年，这一年被称为“席勒年”。主要的庆祝活动在名为“柏林剧团”的剧院举行，剧院位于西弗尔保尔达姆。

请允许我开诚布公：在我的印象中，活动举行的那个周日上午并不是一个历史性时刻。活动的方案是将总统讲话同一种舞台谈话节目组合在一起。所以首先是国家元首走到台前，说了一些像施瓦本玄武岩一样硬邦邦的话。然后，一位知名电视节目主持人以一种反差极大的傲慢口吻将活动变为多人参与的谈话节目。

国家元首的话中不乏金句，但他还是禁不住以席勒为权威，将新排演的舞台剧狠狠批评了一番。他认为现代舞台剧将我们高雅的经典剧目弄得支离破碎，一塌糊涂。偏偏在这里，在布莱希特剧院，总统对公众喊道：“一个完整的席勒——这才是我们要的！”这个剧院曾是民主德国的国家剧院，墙上的普鲁士雄鹰依然示威性地涂满红色。

总统的讲稿撰写人正是凭借这句话将总统置于众人口诛笔伐的境地。在谈话环节，席勒的传记作者引用席勒的诗句迅速反击：“精简永无止境！”剧院经理则直接在台上向坐在台下前排的国家元首表示抗议，语气好像在同一个厚颜无耻的供货司机为了停车位而争吵。与此相反，一个全国性日报的副刊主编保持着极为优雅的风度，想用精心酝酿的复杂长句表达什么，但我完全没听明白。难道是我坐得太靠后了吗？

可怜的席勒！但席勒不正是鼓励大家这么做吗？从某种程度上来讲，席勒无礼地将历史和传统翻个底朝天，到处在寻找符合自己品位的东西，即什么样的素材才能让人写一个好故事？怎样才能赚钱？他也有立场。他在戏剧和文章中，不惜编造历史事实，只为服务于自己敛财的目的。

席勒教授的这门课的内容之后被出版，题为《什么是综合历史及其功用》。是呀，为什么要研究历史？对于席勒来说答案很清楚：为了当下而学习。历史

弗里德里希·席勒

教会人什么？答案是即便会有挫折，即便会有一再出现的暴政，个体自由在几个世纪以来依然在不断开辟自己的道路。回顾历史，席勒似乎在向同时代的人呼喊。他为了自由大业而激情迸发！

在德国，观点总是在发展变化。对于19世纪的伟大历史学家来说，席勒不是榜样，而是反面教材。持此观点的主要是巴托尔德·格奥尔格·尼布尔和利奥波德·冯·兰克。席勒这个暴发户以为自己是谁啊！没有先在档案馆的地下室灰堆里找出最终的出处就可以写历史？编造一些自己无从所知的事，还要在文学上给它们添枝加叶！对于今天以自然科学为导向的学术圈来说，席勒根本算不上是真正的历史学家。因为兰克感兴趣的仅仅是："历史真相是怎样的？"请展示数字、数据和事实！

席勒的认识更深刻也更现代。他很清楚，事情"真相"如何，我们不可能知道。事实也确实如此，即便有一台时光机将我们带回过去，我们带去的也是我们今天的经验、品位和判断。虽然能看到表面上发生的事，但我们还是不能像当时的人所经历的那样去看待事物。比如说那些曾让人恐惧的制服，在我们眼里，可能很时髦。所以今天的导演才想到在排练席勒戏剧的时候让演员们都穿上纳粹制服。这样至少能够在心理上取得类似的效果。

席勒宁愿马上承认，"历史"是不存在的，存在的只是对历史的阐释。它让当下的人在思想和情感上更进一步，或者完全没有这样的作用。席勒曾写道："最终获胜的是那个让理智更加满足、内心更加幸福的观点。"他并不为自己迎合了观众的娱乐需求而感到遗憾，因为历史为我们"最高雅的娱乐"提供了"丰富来源"！

00:15

奥里诺科河确有分支

亚历山大·冯·洪堡发现奥里诺科河岔口

1800 年 5 月 20 日的一分钟

男人们早已不知道他们的方位。仅从抽象的数学意义上来讲，亚历山大·冯·洪堡和他的同伴艾梅·邦普朗完全能够确定自己的方位，甚至是每时每刻。毕竟他们随身带着 50 件那个时代最先进的测量仪器。这些仪器还可以确定自己所处的经纬度。在他们的独木舟里，这些科学仪器占据了大部分空间。这些独木舟是由一棵 12 米长的完整树干掏空制成。一个德国人和一个意大利人就坐在里面，行驶在委内瑞拉卡西基亚雷河上。

在独木舟上掌舵和划船的 10 个印第安人却不能确定这里所处的位置，因为没有可供参考的地方。他们不能根据参考点来对地形归类，从而与熟悉的环境联系起来。自 5 月 14 日以来，他们不知道所经过地方的地名。每天都是同样的景色：独木舟行驶在 400 米宽的寂静河流上。河岸左右两边的树木密集，枝繁叶茂。它们像港口巨大的码头墙一样划定出河道。

这些男人每天晚上都要上岸搭建宿营地，找植被稀疏的地方，有时要耗费一个多小时。印第安人用斧头砍出足够容纳 12 个人的地方。他们艰难地点燃潮湿的木头，用闪烁的火苗来对抗野生动物。没有人能数清皮肤上被蚊虫叮咬过的地方。脸和双手是唯一发痒肿痛的部位。大雨和食物缺乏倒不是什么大问题。密集的树木构成了一个天然的防雨棚。一撮磨碎的干可可可以减轻饥饿感。

一路上历经辛苦劳顿之后，洪堡终于见到了等待已久的一幕。他在游记中写道："5 月 20 日深夜，在卡西基亚雷河上的最后一天，我们终于到达奥里诺科河岔口。"

亚历山大·冯·洪堡雕像

亚历山大·冯·洪堡这样简单地描述了那一刻。在长达五年的南美科考，最后他终于到达了最重要的目的地，并记录了这一轰动性的科学发现。这是他个人的胜利。他写道："我们在这天夜里到达了奥里诺科河岔口。"就好像这是世界上最理所当然的事情一样，就好像不是所有的专家都否定了这个岔口存在的可能性一样。

洪堡一直坚信不疑，现在他有了证据。2140公里的奥里诺科河是南美最长的河流之一。它在热带雨林深处分流。卡西基亚雷河是支流，最终注入里奥内格罗河，里奥内格罗河又注入亚马孙河。奥里诺科河和亚马孙河，这两条巨大的河流就这样被连接起来。当时所有的欧洲科学家都认为这是无稽之谈。

是什么促使这个普鲁士军官的儿子深入原始森林去寻找河流岔口？1800年前后，探索精神兴起。这在今天很难想象。人们投身于自然就像投入一场大的探险活动，想要获知、尝试、测量、理解一切，并将它们归类。

亚历山大·冯·洪堡可以被视为这一运动的领军人物。他的求知欲、精力、毅力和承受力，加上智慧、所受教育和理智的判断力使他在同时代人中鹤立鸡群，近乎民族英雄。

毫无疑问，洪堡拥有天赋，但成功也绝非偶然，靠的是精密计划和最严格的工作纪律。这在一定程度上体现了他身上的普鲁士特性。这也是他与同时期在广阔丛林里游荡的探险者和玩票者不同的地方。此外，洪堡也是一个宽容、眼界开阔的人。这又让他同另一群环游世界的人区别开来。这另一群人指的是天主教传教士。这些人在需要的时候会使用武力让南美的原住民信奉正确的信仰。

玛丽·伊丽莎白·冯·洪堡在丈夫死后倾尽全力使两个儿子亚历山大和威廉能够成就辉煌的事业（威廉比亚历山年长两岁，他后来作为教育改革家和柏林大学的精神之父被载入史册）。然而，在弗里德里希大帝时期的普鲁士，只有担任公职才是事业的典范。

亚历山大和更加具有天赋的威廉必须努力努力再努力。语言、数学、物理、经济、绘画，甚至还有哲学。他们的母亲不惜花费重金，聘请家庭教师来教育两个儿子。这使他们几乎达到了全才的水平。少年时期的亚历山大·冯·洪堡就要学着最多只睡四小时，从而完成所有的事情，包括被要求做的事情以及他自己计划做的事情。他体弱多病，但没有人能想到，以他的身体状况竟然没有得过热带疾病，并且尽管一生饱受辛劳，却依然能够活到近 90 岁。

洪堡在正式结束了学业之后申请了所有级别的国家公职，最终成了普鲁士矿山的顶级经理人。凭借大量发明创造，他使矿山的生产效率极大提高。但即便是伟大的帝国男爵冯・施泰因（普鲁士的高级官员和矿山专家），都无法通过金钱或是美言挽留下洪堡。

洪堡在母亲去世后继承了属于自己的遗产。此时，他终于可以去做渴望已久的事情。他成了探险者，没有国家的认可，也不求以后能够回到公务员岗位，更多是自负己责。他想要踏上旅途，去体验大自然的相扶相依。他想要通过观察获知一切可获知的事情，把它系统记录下来。

巴黎是当时科学世界的中心。洪堡在这里为旅途做准备。他在这里遇到了之后的旅伴，植物学家艾梅·邦普朗。要去南美洲，必须要和西班牙人搞好关系。洪堡不仅能说一口完美的西班牙语，同时也给西班牙王室留下了极好的个人印象，以至于国王给予签发了最高级别的外交官通行证。即便是热带雨林中最偏僻地区的省长看到这张通行证也要鞠躬行礼。

洪堡从未接受过诸侯的金钱资助。他个人承担了所有科考和出版的费用。几年里，就这样花光了积蓄，但这也不能妨碍他实现理想。

洪堡在游记中写道："自从我离开奥里诺科河和亚马孙河以来，西方的社会关系在为新的时代做准备。取代痛苦争吵的是和平和所有行业更加自由地发展。欧洲贸易界将会注意到奥里诺科河的分流。一个比西班牙大九到十倍的国家，拥有丰富的各类产品，这些产品可以通过卡西基亚雷河的天然河道和河流的分支运往各方。"

毫无疑问的是资产阶级时代的来临。洪堡曾在其他著作中写道："要抓住现象中的自然精神。"一个发现虽有它自己的价值，但人们总会探寻每个发现背后的经济机遇。这些机会不是给予依靠军队入侵大肆劫掠的诸侯，而是给予勇于行动，敢冒风险的资产阶级，让他们去开展贸易，创造财富。

00:16

“洪斯吕克山脉中的罗宾汉”

被称为“辛德翰内斯”的约翰内斯 · 布克勒被处决

1803 年 11 月 21 日的一分钟

早晨天还没亮，人们就开始搭建断头台。美因茨的行刑地一般位于城门的另一边。但是法国政府知道会有多少人在处决辛德翰内斯团伙成员的时候蜂拥而来。法国省长让 - 圣 · 安德烈采纳了德国市长的建议，将行刑地点选在了韦森奥尔大门前。这里曾经是美因茨选帝侯的避暑行宫所在地。法国士兵现在将行宫最后残留下来的断瓦残垣清理走，在一个小高地上清理出一块足够大的平整空地。

木匠们在步兵的包围下还没开始工作，第一波看热闹的人蜂拥而至。木匠们搭建起一人多高，外部封闭内部可以活动的木质断头台。他们在其中一面安装了一扇门。医生会从这扇门进入，收走被砍下的头颅和无头尸体，用来做实验。在断头台的另一面，木匠们建造了台阶，刽子手和死刑犯会通过这个台阶走上断头台。断头台上安装着由巴黎医生约瑟夫 · 伊尼亚斯 · 吉约坦设计的极为先进的斩首设备。断头刀被台下的重物吊升至四米高的空中，行刑时就会从空中急速落下。被砍下的头颅则会通过活门落入一个皮袋中。

接近中午 1 点的时候，死刑犯的队伍出现了，这时已经聚集了四万人。五辆共装载着 20 名死刑犯的马车由重兵护送。第一辆马车上坐着的男人身穿着红衫，头戴白帽。“这就是那个辛德翰内斯”，可以不断从人群中听到这句话。成百上千的手都指向他。同另外七个人一样，身穿红衫，这是杀人犯的象征；头戴白帽则表明是团伙的首领。约翰内斯 · 布克勒是他的本名。他虽然显得有些胆怯，却还算镇定。他正在同一名新教神父说话。

约翰内斯·布克勒画像

队伍在断头台前停下来。约翰内斯·布克勒一下就从马车上跳下来。作为死刑犯头一个登上了断头台，他看了一下断头刀，之后面朝民众，说道：“我罪有应得，但是我们中有10个人是无辜的。这就是我的遗言。”

1800年前后，欧洲在政治上处于混乱的边缘。法国在1789年大革命胜利后逐步转变为警察专制。在这样的环境下，来自科西嘉岛的拿破仑·波拿巴在1799年成了这个为他量身定做的中央集权国家的独裁者。现在，他用战争横扫欧洲。当他在1815年的滑铁卢对抗英–荷–普联军终尝败绩之时，整个欧洲地区，主要是德国，已是废墟一片，就像是之前经历了“三十年战争”的德国那样。

在法国人刚刚摆脱那些专制统治的国王、贵族和神职人员的时候，民众却又从内部选出一位领袖并使其成为新的独裁者。这一切其实完全符合大革命“自由、平等、博爱”的口号。因为从这时起，对自由的不同理解将有政治头脑的人一分为二：一类人像席勒和洪堡一样，将自由视为个体发掘自身潜能的机会；另一类则像激进的法国革命者及其遍布全欧的仰慕者那样，将自由视为贫苦大众为实现人间平等而结成大共同体的开始。借此，现代政治阵营成型。

这一切在1800年前后德国人的日常生活中就已经显现出来了吗？答案是肯定的。因为一方面贫困现象日益加剧，经济难民遍布全国。不满情绪滋长，人们渴望社会平等。另一方面，不稳定的政治局势极大提高了个体的行动自由。在一个处于混乱边缘的时代中，个人可以不断拓展自我的界限而无须担心后果。

在这样的社会环境下涌现出无数“强盗团伙”。其中以约翰内斯·布克勒为首的团伙最负盛名。今天人们猜测，在当时那个无业和忍饥挨饿的时代，人口的20%都通过盗窃和抢劫来维持生活。

约翰内斯·布克勒是一个“辛德”（剥兽皮工的别称）的儿子，因此他被人称为“辛德翰内斯”。在美因茨审判过程中，据他自己的口供，他从14岁起就是惯犯，是职业罪犯，还是一个团伙的头目，团伙的成员数量多年来一直在15~35之间浮动。

从1800年起，约翰内斯·布克勒就一直在逃亡。法国人在拿破仑战争中吞并了莱茵河左岸地区的德国领土。对他们来说，维持这里的公共秩序极为困难。要逮捕像布克勒这样的罪犯也不容易，因为他可以利用民众同情。约翰内斯·布克勒的团伙就曾这样暂时生活在一个半废弃的城堡里，城堡位于洪斯吕克山脉中的一个河谷之上。附近村落的知情者数量众多，对他们极为同情。这些知情者甚至会定期公开举办所谓的“强盗舞会”。

在这场美因茨“司法宫”举行的诉讼中，约翰内斯·布克勒及其团伙成员被控罪行包括96起盗窃、71起抢劫、35起勒索以及9起谋杀。这些仅仅是当局掌握了足够证据的罪行。最终，20人被判处死刑并立即执行，20人被判处长年监禁，另有20人被判无罪。约翰内斯·布克勒本期望拿破仑会网开一面，因此他在诉讼期间与当局全面配合。就像他在遗言中表明的那样，认为20人中有一半属于司法谋杀。

处决“辛德翰内斯”不仅有全民狂欢的意味，同时也是一场史无前例的媒体盛宴。各大报纸公开了有关诉讼和行刑的所有细节。从此以后，对于那些耸人听闻的犯罪案件的轰动性报道成了流行文化必不可少的一部分。

无论如何，对于那些在生活中吃了亏或者自认为吃了亏的人，约翰内斯·布克勒成了榜样。他去抢自己想要的东西。很多人会想：我也想这么干！因此也就诞生了有关“洪斯吕克山脉中的罗宾汉”以及“高尚强盗”的神话传说。在这个动乱年代，强盗行当流行起来。即便是弗里德里希·席勒也趁着时代精神的东风，凭戏剧《强盗》第一次到达成功的彼岸。然而，有关约翰内斯·布克勒“劫富济贫”的说法只是一个流行的错误。他其实只是一个普通罪犯，抢劫、敲诈、谋杀等一系列行动只为塞满自己的腰包。

然而，约翰内斯·布克勒很善于煽动情绪，这确保他能够在普通民众中获得支持。布克勒团伙所犯案件中接近40%的受害者是犹太人，虽然犹太人在总人口中所占比例小。这使得布克勒很受欢迎。大多数基督教教众认为，与成功的犹太商人之间有财富差距的原因，并不在于他们自中世纪起就或多或少将赚钱解读为道德上的不耻行为，还认为，犹太人的财富要归功于其狡猾以及所干的不法勾当。这其实是一种不理智的情绪，直到今天人们还可以在每个礼拜日感受到这种情绪。

许多人一想起“辛德翰内斯”所犯下的罪行，眼睛中都舞动着“窃喜”。犹太人罪有应得。大约120年后，另外一个犯罪团伙的相似想法也获得了广泛同情。这个团伙穿着棕色制服和黑色长筒靴。团伙头目是早期纳粹头子，名叫恩斯特·罗姆。他同样死于非命。

这段故事已成历史。自从人们在1800年那个时代获得了之前闻所未闻的行为自由以来，唯一不变的是自由和无政府主义之间的微小差别。从数据上看，2006年，每个德国家庭都曾在商店里偷窃过价值50欧元的商品。今天依然有在生活中吃了亏或者自以为吃了亏的人。对于这些数据，他们一笑了之。

00:17

一山不容二虎

弗朗茨二世迫于拿破仑的压力放下皇冠

1806年8月16日的一分钟

弗朗茨无论如何都想继续当皇帝。因此，出身于哈布斯堡·洛林王朝的他未雨绸缪。两年前的1804年8月，他就在奥地利维也纳称帝。像自1438年起所有其他哈布斯堡王朝君主一样，他当时已经是神圣罗马帝国的皇帝。凭借这一招，他由弗朗茨二世变为弗朗茨一世，虽然当时争议很大，但是所有欧洲国家都在短时间内承认了奥地利的皇权。毕竟刚刚有个叫拿破仑·波拿巴的将军在法国称帝。当时人们并不能指责哈布斯堡王朝，即便是要创建一个新的王国。就这样，在维也纳的霍夫堡宫居住着世界历史上第一位双料皇帝。

弗朗茨完全有理由未雨绸缪。拿破仑把整个欧洲搅得天翻地覆。大家必须看好自己的皇位。三年前，《帝国代表重要决议》通过。德国诸侯割让领地给法国。作为补偿，诸侯们占有了教会田产和自由城市，并重置了内部权力关系。这时候重新让他们选一个哈布斯堡王朝的人当皇帝是不可能的，并且他们会让目前在位的皇帝保有皇位多久都成问题。这逐渐让弗朗茨感到不快。

情况很严峻。8月1日，包括巴登、符腾堡、巴伐利亚和黑森在内的16个德国地方诸侯正式宣布退出德意志神圣罗马帝国，建立莱茵联盟。他们很快觉得自己属于拿破仑治下的法国。两周来，拿破仑亲自向弗朗茨施加压力。他想要看到德意志帝国的终结。

“德意志罗马帝国”这个名字第一次出现在1486年的一部帝国法律中。“德意志神圣罗马帝国”的说法首次出现在1512年科隆帝国大会的卷宗中。今天对于很多人听起来非常中世纪的称呼，其实是在中世纪已经结束时才被人使用。

弗朗茨二世

这并非偶然。

公元962年由奥托一世建立的王国并非现代意义上的“国家”。即便是“德意志神圣罗马帝国”指的也并非单一民族国家，更多指的是一个组织松散的地区性组织中几个说德语的国家。这个组织还包括其他一些主要说意大利语的地区。

到1500年左右才真正发展出“德语”的自我意识。宗教改革前德国还没有统一的书面语。中世纪那些说不同德语方言的人很少认为是通过共同语言而被联系起来的群体。德国人从教皇那里得到的皇冠更多是字面意义上的“天主教”象征，也就是一个无所不包的跨区性组织的象征。这一组织经由基督教信仰而被联系在一起。只有在学生来自全欧洲的大学里、在教会的宗教大会上或者是在贸易城市中的博览会上，人们才会作为德国人而被人注意。

在英国、法国和瑞典，民族国家的产生是由王室发起。与此不同，在德国，诸侯们获得越来越多的权力。所以新时期的“德意志帝国”在政治上扮演的仅仅是一个次要角色。更令人关心的问题是，哪些国家会在帝国联盟的竞争中脱颖而出，独霸一方。最终结果在法国大革命前夕尘埃落定：奥地利和普鲁士。

这两个迥异的德语国家通过不同的方式成为欧洲大国。奥地利是一个多民族、多语言的国家。治下包括波西米亚、匈牙利以及克罗地亚。但奥地利在宗教上是统一的。信奉天主教的哈布斯堡王室四处驱逐新教教徒。普鲁士则与此相反，它在民族和语言上几乎都是统一的。它的属臣几乎只说德语。在宗教方面，普鲁士则很宽容。

1613年，勃兰登堡选帝侯约翰·西吉斯蒙德由路德教派转为加尔文教派。自此以后，普鲁士的“粗野”民众所信宗教就与奥地利王室和上层社会不同。霍亨索伦王朝与信奉加尔文教的荷兰保持着紧密联系，并将法国的加尔文教徒，也即胡格诺教徒请到普鲁士来。历史学家奥托·欣策和海因里希·奥古斯特·温克勒认为，这是在向西方先进的、具有经济活力的国家学习，对普鲁士的成功做出了实质贡献。

普鲁士宽松的宗教政策，在经历了迟疑不前之后也涵盖到犹太人。在弗里德里希二世占领石勒苏益格之后，信仰天主教的石勒苏益格人也被纳入其中。

与此相反，在奥地利，人们信仰天主教这一国教。天主教审核严格。哈布斯堡王朝之所以能够如此，得益于其权力基础更大也更古老。同时，它也拥有更多领土、富庶之地以及资源。如果说哈布斯堡王朝的扩张是依靠继承和灵活的联姻政策，普鲁士的崛起则要完全归功于弗里德里希二世。他坚持扩军，实行严格的军事化管理，并且总是孤注一掷。

最终，普鲁士国王弗里德里希二世和奥地利的女大公玛丽亚·特蕾西亚作为两位君主站到了彼此的对立面。他们同时也完美体现出普鲁士和奥地利在人性上的对立。他们的相互厌恶在后世成为传奇。即便那些在普鲁士和奥地利之外生活的德国人也难以置身事外。总体来看，年轻、思想进步的人偏向弗里德里希二世，而上了年纪、思想保守的人则更倾向玛丽亚·特蕾西亚。

历经 850 年的罗马德意志皇权的终结初看起来似乎是一个重大转折，但在之前描述的背景下却可以清楚看到，为什么这个事件的直接影响近乎为零。

拿破仑还要花上几年时间对德国进行重新洗牌，帝国的终结只是这次洗牌的众多后果之一。德国的版图几乎完全改变。创伤满布的德国最终被武力统一。今天联邦州的大部分边界线本质上都要追溯到拿破仑时期。

一开始，大部分的资产阶级提到拿破仑都难掩内心的激动。现代貌似已经降临。法律公平，管理有效。这个科西嘉人不是为人权揭竿而起吗？就像拿破仑的许多前人以及后来者那样，当他摘下救世主的面具，露出独裁者的真面目时，人们开始觉醒。很快资产阶级就联合起来，支持那些想要教训一下法国的君主。这些君主最终在 1815 年达成这一目标。在之后的 19 世纪，对拿破仑的反抗被表述为广泛的德国民族运动的开端。初听起来似乎很可信。德国人不是失去了自己的国家吗？并且不都渴望国家涅槃重生吗？

今天很多历史学家都对此表示怀疑。这种民族思想可能困扰过大学生以及那些信奉新教并受过教育的资产阶级。但在此后几十年的政治上表现更加明显的两点却是：第一，普鲁士和奥地利的持续对立。第二，社会转型的加速。拿破仑治下的那些年告诉德国人，生活状况是可以在极短时间内发生彻底改变的。这是德国人不会忘却的经验，是现代的经验。

00:18

“海鸥令孤寂更显残酷”

冯·屈格尔根在弗里德里希的画室看到《海边的僧侣》

1809年9月22日的一分钟

画家的工作室很简陋。这是一个近乎正方形的小房间，墙壁被刷成亮绿色，地板表面剥落。两扇高高的窗户几乎填满房间的其中一面。薄薄的木质窗棂将每扇窗户分成大小相同的八块。上面墙体的缺口呈圆形，窗户却是方形。夏日夕阳的光芒从远处的天空勉强穿过玻璃。走近窗户，可以望到易北河，或许还可以看到河上的船只以及河对岸的小小村舍。画家喜欢将这个世界与自己隔绝，虽然没有窗帘，却有木条，可以根据需要用它把窗玻璃遮盖起来。

画家卡斯帕·大卫·弗里德里希的画室确实不宜居住。墙上一幅画都没有，甚至连画家自己的作品也没有。只挂着调色板、直尺和角尺。家具仅仅有一把装有薄薄坐垫的椅子和一张小却高的细腿方桌。桌上铺满了画家的工具——画笔、调色刀、装有颜料和油的小瓶子。然后是画架，由浅色木头制成，一人多高。画布框架可以将画布调成任意大小。画架上有一幅巨大的横开画，是画家的新作。

海伦妮·冯·屈格尔根屏住呼吸。画家的这位朋友作为德累斯顿艺术家和艺术爱好者圈子的核心人物却不能理解这幅画。她一直盯着这幅画，忘记了身边的世界。当然这个简陋的画室，她自然也不会记得。她只是依然在注视着画中的大海、海岸以及天空，那可怕的天空。她看到了画中的那个渺小人物——一个人，孤独，迷失，在自然之力前显得很无助，就像她自己那样。卡斯帕·大卫·弗里德里希什么也没说，什么也没解释。这个身形匀称，一头金发，留着卷曲络腮胡的波美拉尼亚画家只是站在旁边，端详着自己的画。海伦妮·冯·屈格尔根深吸一口气。她有些意识模糊。她求他给把椅子坐。

在今天这个时代，每个人都持续不断地被淹没在图片中——在电视上、在互联网上、在海报墙上和在手机屏幕上。今天的人很难会回忆起卡斯帕·大卫·弗里德里希的《海边的僧侣》这幅画对同时代人所产生的影响。我们已经变得麻木。我们确实已经见过一切。

相反，海伦妮·冯·屈格尔根却还从未见过与此类似的画作。她的感受是如此强烈，受到的触动是如此之大，以至于她变得无力并不得不先坐一下。当她重新控制住情绪之后，她在写给朋友弗里德里克·福尔克曼的信中如此描述对这幅画的印象："天空纯净，宁静如恒，没有风暴，没有太阳，没有月亮，也没有雷雨——是的，连雷雨对我来说都像是慰藉和享受，这样我就能看到生命和运动。"但是弗里德里希在这幅画中并没有运用那些常见的讨喜元素来迎合观众。

这位艺术家继续写道："一望无际的海面上看不到大船、小舟，甚至连大型海鱼也没有，沙滩上没有任何绿植。只有几只海鸥在振翅飞翔，却使这种孤独更显寂寥和残酷。"这幅画对她来说显得很绝望。她还从未以这种方式面对过个体存在的孤独感——既没有在生活中，也没有在文学中，更不曾在画作中。她在这幅画作前感到恐惧。

海伦妮·冯·屈格尔根出身高贵。同卡斯帕·大卫·弗里德里希一样，她也师从于画家格哈德·冯·屈格尔根。但当她嫁给这位德累斯顿艺术学院的教授之后就放弃了艺术创作。这是那个时代身为人妻比较得体的做法。她必须支持丈夫并为他生儿育女，而不是在同一领域与丈夫竞争。但她始终关注同学的发展，并在家里举办艺术沙龙。

格哈德·冯·屈格尔根非常符合当时人对学院派艺术家的期望。他画那些将统治者的战争艺术理想化了的历史场景以及名人画像。这样就可以获得奖章，成为帝王家或者皇家学院的成员，可以每月准时获得一份体面的公务员薪水。

卡斯帕·大卫·弗里德里希走了一条新路。他是一位"自由"艺术家。他画所有能想象到的东西，而不是从贵族或者富裕市民那里获得委托，自然也就不会得到现金形式的预付薪水。他既没有成为公务员也没有接受任何金主给予生活上的资助。如果他觉得自己的画足够好，就把它交由画廊老板在艺术市场

《海边的僧侣》

上出售。这种事以前从未有过。

作为自由创作艺术家想要成功就必须把握时代精神。古往今来，一直如此。弗里德里希的《海边的僧侣》就做到了这一点，不仅如此，它成了这方面的完美之作。当像屈格尔根夫妇这样的保守艺术家和艺术爱好者带着恐惧避开这幅画时，年轻的文学家和哲学家却为之欢呼雀跃。竟有人仅在一幅画作中就体会到了他们一生的感受。这是浪漫主义时期的生命感悟。

客观来看，人们在这幅画上看不到太多东西。沙滩、大海、天空，还有那个小小的人物形象，如果走近这幅画，再加上些许想象力的话，能够辨别出这是一名“僧侣”。然而这幅画却又说出了一切。个体面对自然之力，可以感受到个体的孤独，同时吸引人的是那种无法言说的对声音的渴望。因为自然不只是分子构成之物，而是充满上帝精神。在卡斯帕·大卫·弗里德里希的多幅画作中都可以看出，自然是人类灵魂的一面镜子。

浪漫主义是与启蒙思潮相对的运动，是另一个方向的钟摆摆动。浪漫主义始终都是一种对生命的感悟，而非可以清晰描述的思想大厦。哲学家康德作为启蒙运动时期严苛理性思考的主要代表，在几年之前认为世界完全存在于人脑之中。对他来说，世界根本不存在，并且无论如何也不可被认知。所有一切，包括上帝，都是人类理智的产物。每个人都在构建自己的世界。自然对于启蒙思想者来说不过是听命于人类理性的东西，就像是人手中的蜡块一样可以被捏成任何形状。

但对于浪漫主义者来说，这种“纯粹理性”已经过时。他们并非是与世隔绝的狂热分子，但是能感觉自己是神圣不可捉摸的大自然的一部分，直觉与象征、逻辑和论据至少是平等的。

浪漫主义者想要自然地生活。想要用语言和手势、文章和图画来表达自己的感受，并且希望摆脱外来的统治和压迫。同他们熟悉的德国独裁诸侯一样，拿破仑也是专权之人。卡斯帕·大卫·弗里德里希最喜欢将那个时代的自由战士以“古代德国的装束”变为画中人。

在海伦妮·冯·屈格尔根拜访画室之后的同一年，普鲁士国王弗里德里希·威廉三世买下了《海边的僧侣》，除此之外，他还购买了弗里德里希的另一幅画作。这幅画令作家阿希姆·冯·阿尼姆和海因里希·冯·克莱斯特如此着迷，以至于他们在同一篇报纸文章中写道：“这幅画摆在那里如同世界末日预言书，好似一个人被割掉了眼皮。”

几年以来，《海边的僧侣》一直挂在柏林老国家美术馆中让人印象深刻的卡斯帕·大卫·弗里德里希厅里。国家美术馆在经过巨资修缮之后重新开馆，上千人挤过金碧辉煌的楼梯间来到这幅画前。对很多人来说，它无疑是整个收藏的亮点。那些还没有因今天的图片洪流而完全麻木的人，是否还能记起第一次看到这幅画的感受？

00:19

艺术家是公民还是贵族

贝多芬和歌德在泰普里茨偶遇宫廷侍从

1812年7月19日的一分钟

泰普里茨疗养地备受青睐，大多欧洲名流云集于此。自从20年前的一场大火摧毁了这个城市的大部分地区以来，人们以一种完美契合时代精神的建筑风格对这个波西米亚疗养胜地进行了重建。这种风格叫作古典，有些人在后来将其称为古典主义。现在这个离萨克森边境不远的温泉疗养地处处体现着古典风格。它体现在刷成白色的房屋正面，令人想起希腊神庙。几何形状和清晰的线条也是这种风格的体现。此外，疗养公园里的雕塑也颇具古风。

这个夏日，一起散步的两位男士也为疗养而来。一位是路德维希·范·贝多芬，多年来一直患有慢性病。另一位是约翰·沃尔夫冈·歌德，一直以来都病恹恹的，因此很想放松享受一下。这是两人约好第一次见面，但两人保持书信往来已久。贝多芬是诗人歌德的狂热仰慕者，他为歌德的戏剧《艾格蒙特》创作了舞台配乐。他如此钟爱这部戏剧，以至于不愿为自己的创作收取报酬。歌德非常喜欢这个序曲，并打算接下来让人在家乡魏玛演出。

贝多芬和歌德漫步在一条漂亮的路上，经过两旁的葱荫大树和精心维护的草坪。就在这时，迎面走来一群人。人们马上看出，这群人并非一般人，而是奥地利皇帝的宫廷侍从，可以说他们是泰普里茨的主人。甚至连皇后也可能在，因为她为了疗养也会待在这个温泉之地。

歌德退到一边，给高高在上的这群人让出道路。同时他从头上摘下帽子并深鞠一躬。贝多芬又是什么反应呢？他抱着双臂，快步从宫廷侍从的队伍中穿过。歌德快走几步才赶上。直到此时，歌德才知道，与贝多芬的第一次散步也

贝多芬

歌德

将会是最后一次。

此前一年，贝多芬还在忙于创作配乐。那时他在维也纳给身处魏玛的歌德写信道：“您不久将会收到戏剧《艾格蒙特》的舞台配乐。多么美妙的一部剧！我一看完它马上就感到温暖，我也将这种感受体现在我的乐曲中。我渴望知道您对这乐曲的评价。即便是批评，对于我和我的创作来说也是有益的，我会像对待最大的褒奖那样来接受批评。”

这完全是粉丝的口吻。歌德并不总是回复粉丝来信，对很多信件大多时候他会直接忽略。但贝多芬名气太大，他无法视而不见。当贝多芬向歌德这位来自魏玛的作家兼地区政治家请教时，他在当时德国最重要的城市维也纳早已是受人称颂的音乐家和作曲家。歌德还没有看曲谱就礼貌地回复：“对您信中所表达的想法我由衷的感谢。请您放心，我会给您的作品一个真诚的评价。因为每次在听一些技艺娴熟的艺术家和业余爱好者演奏您作品的时候，我都希望能够看到您本人坐在钢琴前表演一次，以便亲自表达我对您超凡天赋的钦佩敬仰之情”。

两人虽还未真正认识，但是他们貌似意气相投，惺惺相惜或者至少是相互敬重。当他们彼此结识之后才发现，他们性格迥异，以至于无法建立艺术家之间的友谊。虽然后世会将两人都视为德国古典主义的主要代表人物——一个在音乐领域，一个在文学领域，但是私下来讲，这两个男人毫无共同点。

贝多芬虽也是古典主义艺术家，却生性浪漫。他作为作曲家或许忠于古典主义的理想，如严格的形式、理性以及像古人一样对真善美的追求。就个人来讲，他却是反叛的，几乎到了无政府主义者的地步。认可权威对他来说很困难。他完全可以将自己认同为历史上的艾格蒙特伯爵，这位伯爵是一位荷兰的自由战士，在16世纪对抗西班牙统治者时至死不屈，最终在布鲁塞尔的市场广场被处决。歌德对待这一素材却很理智。

贝多芬出生于波恩，22岁移居音乐之都维也纳，对自己的过人天赋极为清楚。有一次在谈到普鲁士国王的时候，他极为狂妄地说：“我也是国王。”但这也意味着：不是出身最为高贵的人才应该高高在上，而是天赋超群、艰苦工作的人才配俯视众人。

贝多芬视工作如命。工作就是他的全部，他的一切。但由于疾病，其中最严重的是听力的丧失，最终他也不再有什么工作可做。他脾气暴躁，这让大部分人在同他打交道时都心生不快，以至于他从未有过幸福的个人生活。

歌德却极为不同，他不仅有众多情人，并且出色的交际和沟通方式也是他个人的重要资本。后世对歌德的了解要比与其同时代的任何人都多得多。他让自己成为文化人的完美典范，和谐地发掘自己的所有天赋和才能。即便是精神上最微小的波动，他都会告知外界。

歌德作为诗人的成就远远无法与贝多芬作为作曲家相提并论。他青年时期的作品——小说《少年维特之烦恼》和戏剧《葛兹·冯·伯里欣根》也曾轰动一时。但接下来的作品却不一定算得上世界文学经典。伟大的文学评论家汉斯·迈耶甚至认为，总体来说，歌德只是一个普通的成功作家。无论怎样，在德国之外，他算不上是历史上真正的伟大作家。

歌德在德国的传奇地位更多是建立在其品格之上，他肯定以此让同时代同仁刮目相看。换句话说，被视为伟大的人，因为他行为举止像这样的人。1775年，也就是美国宣布独立前一年，这位26岁的法兰克福贵族之子来到魏玛从事公职。大西洋彼岸正在开启的民主对于歌德就如同大革命的理想之于法国人一样，显得无关紧要。歌德决定不仅要成为艺术家，同时要成为德国众多诸侯国中其中一个的最高政治决策者。然而，1800年前后年青的一代却只想尽快铲除这些诸侯。

歌德在魏玛公爵手下任职时除了担任文化部部长，职务还包括路矿建设委员会主席、科学部部长、博物馆馆长、剧院经理、战争委员会主席等。本来其影响力就建立个人关系上，而非所担任的职务。像黑森的威廉一世一样，德国其他诸侯国的选帝侯认为：“歌德是一位风格独特的德国作家，让他担任诸侯国的部长完全是用错了地方。”

歌德作为魏玛的国宝级艺术家并未对这种批评进行反击。直到今天，这种批评也并未影响歌德的受欢迎程度。历史学家沃尔夫冈·罗特认为，歌德正好实现了“德国人将精神与权力合二为一的梦想”。这样的后果是：集权国家是没有问题的，只要文化、教育和人性受到重视。

对于贝多芬来说，这不可行。贝多芬一开始出于对“自由、平等、博爱”的热情而将第三交响曲献给拿破仑。但当科西嘉人宣布要成为独裁者时，贝多芬认为：“拿破仑也不过是一凡夫俗子，现在他将只为自己的野心而活，成为暴君。”于是盛怒之下的他收回了献礼。

00:20

加速奔跑

卡尔·德莱斯骑着自行车的前身开始首次公开骑行

1817年6月12日的一分钟

曼海姆呈棋盘布局，在这座城市的M1,8号住着一位30出头，身材矮小，衣着优雅的先生。他离开住所，跃上一辆带有两轮的奇特木架，骑行起来，好像这是世上最自然的事情一样。这辆没有减震的车在柏油路上叮当作响，令车上年轻的卡尔·德莱斯全身抖动，但还是加快了速度。他左右脚交替蹬地，好像奥运跑步选手在做最后冲刺一样，不同的是，他要快得多。上路还不到一分钟，他就在噪声中超越了第一辆马车。这位发明家今天要做的事远不止如此，他要骑八英里，速度要达到邮政马车的四倍。

德莱斯称自己的两轮车为“奔跑机器”。这位专业的建筑师、农场主和物理学家挑选了或许是巴登地区最好的街道作为测试路段。75年前，一位法国筑路大师为选帝侯卡尔·菲利普铺设了这条路，以便这位侯爵能够尽可能舒服地乘马车从曼海姆的官邸前往位于施韦青根的夏宫。这是一条漂亮的林荫大道，道路的左右两边几乎没有建筑。德莱斯想要一直骑到“驿站”。这是一个位于陡坡前的更换马匹的站点。

卡尔·德莱斯没有告诉任何人这次骑行，包括作为资助人的大公爵以及大法官父亲，更不用说各大报纸了。他在一个普通的星期四开始这次骑行。但他很快就引起路人的围观，曼海姆人还从未见过这样的车：一个窄木条上两个三角形的脚凳，挂着两个轮子，中间是加了软垫的鞍座，座前是扶手，在车子的最前面是一个可以控制前轮方向的装置。在这样一个东西上保持平衡看起来相当困难。但德莱斯却骑着它达到了时速15公里。跟在他后面的是一群孩子，

卡尔·德莱斯

卡尔·德莱斯发明的自行车

他们叫嚷着追着跑。路人都摇头并用手敲敲自己的额头，认为他已经彻底疯了。

现代个人交通工具的发明可能要归因于气候灾难。虽然我们不能准确获知，到底是什么促使这位凭借自己的发明才干而无须工作的巴登林务官卡尔·弗里德里希·德莱斯男爵最终发明了自行车。我们找不到有关他发明自行车初衷的信件或是日记。但鉴于当时的时代形势以及德莱斯众所周知的服务大众的责任意识，人们不难推测，发明自行车对他来讲远不止技术游戏这么简单。

1816年的夏天对于许多德国西南地区的人来说如同世界末日。雪一直不停。粮食绝收，马匹要么饿死，要么被饥肠辘辘的人们宰杀。面包价格翻了四番。穷人已经开始吃他们的猫和狗。在这“没有夏天的一年”中，超过一万瘦骨嶙峋的巴登人和符腾堡人移居美国。

这场灾难的起因是坦博拉火山的爆发。坦博拉火山是一座位于印度尼西亚海拔2850米的火山。这次爆发在亚洲造成一万人死亡，将令人难以想象的多达一亿五千万立方米喷发物抛向七万米的高空。大气中的大量灰尘在接下来的两年里造成北美和欧洲地区气候的巨大变化。

养马成本攀升，对于移动性来说，一项新的基础技术就显得很必要。德莱斯用极为现代的简易构造创造出这种滚轮，也就是自行车的前身。因为在自然界中找不到同它工作原理相同的参考物，再加上它惊人的能耗速度比，就更突显了这项发明的创新性。

许多人从中看到大规模个人移动性的诞生。今天除了化石能源短缺以外，又是气候变化迫使我们考虑寻找新的解决移动性的基础技术，这是历史的嘲讽。我们需要一种简单有效的技术，就如同拿卡尔·德莱斯的滚轮同养马比较得出的结论一样。当时的德莱斯正好在正确的时间有了正确的想法。

或许一些人现在会想：我们德国人本就是天才发明家。这是我们经济成功的基础。在这方面我们经验丰富。虽然这种观点并非毫无道理，但发明创造只是一方面，另一方面则是那种能够使发明创造尽可能造福更多人的政治经济环境。

不管怎样，卡尔·德莱斯去世时，一贫如洗，因为他同时受到政治“左派”

和“右派”的排斥和迫害。在被没收财产和克扣退休金之后，等待他的是由国家发起的禁治产令。虽未成功，但这等同于官方宣布他是一个傻瓜。德莱斯穷极一生都不能亲自推广自己最伟大的发明——滚轮，也就不能从中赢利。当时的政治环境不容许他这么做。这个天才设计师当时没有生活在英国或是蒸蒸日上的美国，而偏偏生活在处于复辟时期的德国。

1815 年维也纳会议重置了欧洲版图之后，德国诸侯们反应强硬。他们想要全力阻止革命精神死灰复燃，避免之前讨伐拿破仑后的混乱局面再次出现。公民应该投身于家庭生活，远离政治和国民经济。这一时代精神后来被称为“毕德麦耶尔”。

当时的国家完全称得上体贴。在一开始，这有利于卡尔·德莱斯。1811 年，身为巴登林务官的他虽被免去具体的工作，但依然可以获得全薪。这样便可以全身心投入到发明创造中去。这是好事，却有一个问题：当德莱斯发明了这个代步机后，他不能自己生产，因为作为公务人员他不能从事企业活动。这就使其他人利用他的发明获利。

这还不够。当局认为滚轮太危险，禁止人们在公共道路上使用。气候灾难在此期间也已消失。马匹的待遇又好了起来。这样滚轮就沦落为出于个人爱好，只在私人领地上使用的运动设备。最主要的是，已经不值得继续发展这种技术。

德莱斯又犯了一个“错误”。直接公开表达了对民主的同情。同时他的父亲作为巴登大法官审判了一个又一个民主人士。结果自然不好。“右派”贵族统治集团削减其退休金，并宣布他是不受宫廷欢迎的人。“左派”民主人士认为他和他的父亲是一丘之貉，还威胁要不断殴打他，最终对他实施谋杀，但被他勉强逃脱了。

在大革命发生的 1849 年，德莱斯认为自由民主的时代终于降临德国。他兴奋地放弃了贵族头衔。今天贵族头衔在画报中和站立招待会上再次大受欢迎，人们很难想象，有人会希望同这种恭维性的字眼撇清关系。这位巴登地区的发明家却只想做个简单的“公民卡尔·德莱斯”，但最终也未能成功。当普鲁士人到来后，旧秩序又重新建立，他们命令公民德莱斯最好还是做回“男爵”。

00:21

“思想是自由的”

亨丽埃特·赫茨在恩斯特·莫里茨·阿恩特家一同经历房屋搜查

1819年7月15日的一分钟

房子的陈设布置完全符合一个德国教授的品位。房子位于科布伦茨城门前，紧靠由波恩通往哥德斯堡的马路，房子正下方就是莱茵河河岸。从露台上放眼远眺，越过莱茵河可以看到德国中部山脉的支脉——七峰山。七峰山将整个地区温柔和谐地包围起来。花园临街，得到了精心维护。一条鹅卵石小路笔直通往精心装饰的大门。在这所朴实却不失高雅的别墅里，家具经过精挑细选。二楼客厅放着一个带镜子的五斗橱，一个樱桃木制成的大沙发和几把椅子。房子主人最喜欢坐在躺椅上。这把引人注目的躺椅罩了一层皮革，椅子两边的扶手被做成了金色的狮爪形状。

恩斯特·莫里茨·阿恩特自去年10月开始就在莱茵河畔的弗里德里希·威廉大学教授历史。维也纳会议将目前的法属莱茵兰地区划给普鲁士。像在所有其他辖区一样，普鲁士人也在这里建立了一所大学。相比于严格信奉天主教的科隆，他们给予宽容闻名的波恩特权。这里的教授席位现在更青睐信奉新教的学者。对于波美拉尼亚人恩斯特·莫里茨·阿恩特来说，这无疑是机会，可以从格赖夫斯瓦尔德大学的副教授变为年薪1500塔勒的正教授。

恩斯特·莫里茨·阿恩特教授在德国并非无名小辈。他的有关德国统一和反法的书籍及小册子让他广受欢迎。他广泛的关系网使他同众多作家、艺术家以及受过教育的资产阶级保持联系。亨丽埃特·赫茨就正在他这里做客。赫茨在世纪之交举办的文学沙龙名声在外，她刚刚从犹太教转信新教。这正合阿恩特的心意，因为他也撰写神学论文，对犹太教评价不高。

恩斯特·莫里茨·阿恩特画像

赫茨在这所莱茵河畔的房子里感觉惬意。但这突然的骚动是怎么回事？人声嘈杂，咚咚的声响夹杂着穿着皮靴的脚步声。她下楼查看，发现到处都是警察！他们把所有东西都装箱，包括纸张、信件、手稿和教授的书！

对恩斯特·莫里茨·阿恩特家中的搜查发生在一起政治谋杀案的侦破过程中。这位家有精致花园的教授被安全部门视为精神领域的纵火犯。他用宣扬民族主义的小册子教唆全国的大学生，甚至煽动了几起流血事件。

政治谋杀案的受害者是德国作家兼俄罗斯总领事奥古斯特·冯·科茨布。身为沙皇之友的他对大学生为德国统一和自由而进行的颠覆活动不以为然，依然定期在《文学周报》上发表文章。正是这个原因，德国大学社团的成员在1817年具有传奇意义的瓦特堡节上策划了一场焚书活动，并以嘲笑的表情将科茨布的《德意志帝国史》付之一炬。大学社团成员兼神学家卡尔·路德维希·桑德想让科茨布永远沉默。1819年3月23日，桑德在科茨布家人的眼皮底下刺死了科茨布，同时口中喊道："去死吧，你这个卖国贼！"

在德意志帝国没落和维也纳会议之后，德语国家的联合被称为德意志联盟。现在，德意志联盟的警察机构采取全方位措施来调查这一案件。1819年8月，人们在奥地利外长梅特涅的主持下在温泉疗养地卡尔斯巴德召开安全会议。会议的成果就是《卡尔斯巴德决议》。决议规定，禁止公开发表个人政治观点，媒体要接受严格的审核。大学生社团组织被禁止。教授如果有煽动蛊惑行为，对政治问题展开论战，则将被无限期开除公职。

1820年11月，恩斯特·莫里茨·阿恩特真的被停职了。他被控从事"煽动性阴谋活动"。法庭认定他只是涉嫌。在诉讼最后，法庭既未判他有罪也未认定他无罪。大学因此并未允许他重新上课。他在1826年放弃教授职位，成了私人学者。直到1840年，普鲁士国王弗里德里希·威廉四世才对他进行平反。这样他才能最终在1841年成为波恩大学校长。在1848年大革命后，他还曾短暂投身政治，但这却是一次苦涩而又令人失望的经历。

让当时众多像大学生、教授、作家、艺术家和记者这样的"知识分子"振奋的东西完全不像表面上看起来那样可以一言蔽之。对于德国诸侯们的地区权欲，人们感到失望，因为诸侯们在战胜拿破仑后视安定与秩序高于一切。但这并不意味着，人们可以直接要求用公民权利和民主选举来取而代之。

就像拒绝旧式贵族统治那样，德国的知识分子同样也不接受法国、英国或者美国的模式。在多年来的出版活动中，恩斯特·莫里茨·阿恩特甚至获得了“憎法者”的名声，对他来说不仅仅是边界问题，还包括法国式的思维。他视公平的卫道士让－雅克·卢梭为法式思维最丑恶的代表。

人们在寻找一条“德国式的”自由之路。很快就诞生了一个新的神话，一个关于“民族”的神话。知识分子相信，只有当同说德语，同属德国文化的各个国家组成一个强大的民族国家时，德国人才会获得真正意义上的自由。一场知识分子的运动开始了，为的是强化这一民族思想。格林兄弟编撰的词典就诞生在此背景下。同样受此影响的还有弗里德里希·路德维希·雅恩创制的体操练习。一种特有的德国式身体锻炼方式是他真正关心的事。

曾几何时，这种德国民族思想成为一些人视野中的救世良方。对于通过哪些实际步骤来改善政治环境这个问题，他们几乎不感兴趣。民族是伟大和神圣的。谁会去管那些现实的小事呢?

许多德国知识分子就这样变成文化悲观主义者。同他们崇高的理想相比，这个世界简直太糟糕、太乏味、太愚蠢、太唯利是图、太优柔寡断。一个自认为对德国人使命有更好认识的教授怎么会深入辩论中去，去艰难地平衡各方利益？他更喜欢的是著书立说，向人们表达厌世之情。

恩斯特·莫里茨·阿恩特也不例外，他在遣词造句上向来大胆——但这从来都不可以作为他受到迫害的理由。对于政客，他写道：“我们穷尽全力要从众多小民族中创建一个统一的德意志民族，而我们的主子们却对我们不忠——愿魔鬼取他们性命！”对于贵族，“贵族头衔和好的出身不代表本性美好。”对于记者，“人们完全可以要求每一个恣意下笔、对他人说教的人应该有更好的追求，而不仅仅是在集市上推着手推车叫卖。”对于像莫扎特和贝多芬这样的同时代音乐家，“旧的旋律和乐曲是多么令人愉悦和虔诚！它们到达我们内心时是多么欢快、柔和！再让我们听听新的音乐！人们是没了耳朵还是艺术已经不再艺术了呢？”对于哲学家，“这些懦夫，可怜的人云亦云之人！”对于神学家，“他们自己已不再有信仰，却还在向他人传授信仰之道！”对于艺术家，“他们在和时尚之神玩一场毫无意义的游戏，一切都只是转瞬即逝的空洞之音。”

是的，恩斯特·莫里茨·阿恩特喜欢写这样的句子。然后他就放下羽毛笔，脱下西装外套，卷起袖子，走进花园去修剪玫瑰花枝，用耙子平整花圃，除去杂草，拭去额头的汗水。在一天的劳作之后，他坐在露台上稍事休息，欣赏着从莱茵河到七峰山的风景。

00:22

神奇小子

卡斯帕·豪泽在纽伦堡大街上遇袭

1828 年 5 月 26 日的一分钟

少年站在那里，因激动而抖动不已，摇摇摆摆如酒醉之人。他十六七岁样子，身体姿态极为怪异，几乎无法站立，似乎双脚疼痛。他右手拿着两个密封的信封，用左臂来寻找平衡。事情发生在圣灵降临节的周一早上，刚过 4 点，地点在纽伦堡乌恩施利特广场。这是个有些坡度的小广场，周围围着一圈木桁架建筑。

在这个信奉新教的贸易城市，正直、朴实的市民因为节日穿上最好的服装，迈着缓慢的步子悠闲地穿过广场。少年就在那里，引人注目。他浑身脏乱，头上有几处伤口和疤痕。身高中等，体型奇特，却很结实。一头浅棕色头发，圆脸，棕色的眼睛，皮肤白皙细腻。第一波见到他的人群围住他，却又和他保持距离。

其中一个人喊道：“快说，你是谁？”另一个人问道：“你从哪里来？”少年并未回答。只是全身颤抖着。他惊恐地看着发问的人。行人之间意味深长地交换着眼神。在这个城市总会有陌生人突然冒出来。这些人每次都是衣衫褴褛，人们无从知晓其身世。要么是一些被当地人称为“痴呆”的人，被亲戚赶出了家门；要么是一些骗子。遗憾的是人们并不能一眼就区分出这两类人，于是决定报警。

当时已有两名巴伐利亚皇家市属警察跑到广场，站在这个奇怪的小伙子面前。警察询问他的姓名，他同样没有回答。之后，警察拿过他手里的两个信封，抓着他的胳膊把他带回警署。他们再次询问他是谁。男孩简短地回答说“不知道”。后来，他在纸上写下了“卡斯帕·豪泽”这个名字。

两天之后，纽伦堡的官方医生普洛伊博士托人对卡斯帕·豪泽进行深入的

神奇小子卡斯帕·豪泽

医学检查，之后会马上将结果记录在鉴定书上。期间，卡斯帕·豪泽被囚禁在市监狱，行为举止依然引人注目。他几乎不说话，肉和牛奶都令他感到恶心。他只拿了水和面包。光线似乎令他感到疼痛，即便是极微小的声响都会惊吓到他，令他全身颤抖。

普洛伊博士在第一份鉴定书中认定："这个人既非疯子，也不是白痴，但明显被人用极为卑劣的手段强制剥夺了人和社会的教育，像半个野人一样被抚养长大。"普洛伊博士作为哈内曼顺势疗法的追随者树敌众多，他使用的方法饱受非议。人们就又请来了一位使用对抗疗法的医生，奥斯特豪森博士。然而，他也得出了同样的结论。他在鉴定书中写道："豪泽在童年时毫无疑问是生活在众人之中，也受到了教育。他被囚禁起来的时候很可能已经 3 岁或者 4 岁。囚禁地方很黑暗，很有可能是在地下。他就这样生活了 12 年。在此期间，他见不到人，听不到人声，被人遗忘，自生自灭。"

这个年轻人的出身，他被囚禁的地方以及具体状况，此等命运的缘起直到今天也无法查明。他被人攻击时，身上带着的两封信里面写着他的名字叫"卡斯帕"，生日是 1812 年 4 月 30 日。这两封信又是谁写的呢？不久，流言四起，有人说他是巴登家族的后代。难道他是巴登王子，由于政治权力而被人为"失踪"吗？还是说他是女大公同拿破仑·波拿巴的私生子？也有人猜测，1816 年 9 月被人从莱茵河中钓出来的奇特漂流瓶跟卡斯帕有一些关系？争论从那时一直持续到现在。

1828 年 7 月 18 日，纽伦堡市将卡斯帕·豪泽从监狱中释放，并委托文理中学老师格奥尔格·弗里德里希·道默尔负责照顾他、教育他。道默尔成功地教授卡斯帕普通学校课程。在随后的一年，一名蒙面歹徒手持砍刀第一次对卡斯帕实施谋杀。这一案件最终未能侦破。卡斯帕受到警方保护。

在之后的几年中，照顾这个年轻人的人从一开始的英国勋爵变为法学家兼法律改革家保罗·约翰·安塞尔姆·费尔巴哈。费尔巴哈在 1832 年为卡斯帕在安斯巴赫谋得了一个法庭书记员职位。1833 年，一个陌生人试图用匕首谋杀卡斯帕。在案发地，人们发现了一封认罪书，但个中隐情却始终不为人知。

这一神秘犯罪案件是卡斯帕这个名字至今依然吸引人的主要原因之一。但当时另一种现象更能体现那个时代的典型特征，因此也更值得玩味。当时人们开始越发深入地研究个体。科学家和业余爱好者开始思考人体各项功能的关联以及人类精神的深度。人们开始为正确的教育、合理的营养或者虐待之后的精神创伤而争论。保罗·约翰·安塞尔姆·费尔巴哈充满热情地在为更加人性的刑法而努力。约翰·戈特弗里德之前曾探讨过人的“自然”状态。塞缪尔·哈内曼曾用顺势疗法羞辱学院派医生。

当然自古以来就有关于人的各种知识。但自启蒙运动和浪漫主义时期以来，个体被从未有过的好奇心从身体和心理上进行整体探视。离弗洛伊德和荣格的出世虽然还很遥远，但是现代心理学和心身医学的基础却是这个时候打下的。卡斯帕·豪泽则是个非自愿的“实验兔”。

无论是谁在长达 10 年的时间里将卡斯帕·豪泽隔绝人世，都为他人创造了实验条件。这对于研究者来说是极为合理的，即便他们的良知不允许这样对待一个人。既然卡斯帕·豪泽的命运现在已无从改变，倒不如对此仔细观察。教师道默尔惊奇地发现，卡斯帕在语言和艺术上的天分极高。官医普洛伊博士用顺势疗法的高冲淡度来对他做实验。实验结果记录在之后出版的《顺势疗法档案》一书中。被冲淡百万倍的硫会引起剧烈头痛，流鼻血，皮疹和腹泻。

但人们并未把卡斯帕仅仅视为学者感兴趣的研究对象。纽伦堡市的市长写道，相反，很多人都把自己认同是卡斯帕，称他为“纯洁、坦率”的人。他体现出人的“极度纯洁、无邪”，用他“吸引一切的真诚和好脾性让人为之倾倒”。市长相信，“自然在精神、脾性和内心三方面都慷慨地赋予了卡斯帕最好的资质”。

这里让人备感折磨的东西后来被弗洛伊德称为“文化不适”。工业化飞速向前，随之而来的是社会转变的加速和史无前例的文明化进程。现代大众社会呼之欲出。有些人忧心忡忡。他们自问：我们是否依然在依照自然之律生活？或者已经远离自然？什么是天生的，什么又是后天养成的？

00:23

“自由的德意志祖国”

汉巴赫宫殿塔楼上升起黑、红、金三色旗

1832年5月27日的一分钟

马克斯堡遗址紧靠普法尔茨的葡萄之路，高踞莱茵河河谷之上。这些年，浪漫主义的文字和画作风行一时，马克斯堡在这些作品中美丽得无以复加。塔楼保存完好，破败却极富诗意的建筑包裹着内院。绿植遍布四周，眺望远处，风景让人惊叹。

周日这天，想要去城堡遗址的人一大早就在附近新城的市场广场聚集起来。年轻男女越聚越多。所有人都盛装打扮，很多人扛着彩旗、乐器或者新鲜花束。城市塔楼上钟声响起。只是5月的天气还不那么讨喜，有些闷热，天空起了阵雨云。之后炮声响起，是爆竹！这是节日游行队伍出发前往汉巴赫城堡遗址的讯号。队伍最前面是护卫，他们随着音乐节拍行进。之后跟着的是身着红白两色服装的女孩儿，领头的是一个年轻旗手，举着一杆波兰国旗。在又一队护卫之后行进的是节日致辞人，包括菲利普·雅各布·西贝普法夫。每个人都戴着一条黑、红、金三色绶带，上面写着“德国重生”。

之后是一个又一个代表团。大学生来自德语国家、为自由奋争的波兰和自由的法国。巨大的花车队伍在约翰·奥古斯特·维尔特的带领下前进，他是活动组织者之一，从凯泽斯劳滕赶到这里，现在乘车在尘土飞扬的道路上隆隆前行。在熙熙攘攘的人群中有一位贵客，叫路德维希·博尔内。他是一位德语政论家，目前生活在巴黎，主要原因是他的言论在这里不受欢迎。

游行队伍在接近中午时到达了城堡山。但在城堡内院的节日聚餐开始前，遗址塔楼上缓慢而庄严地升起了一面旗帜。所有人都停下来，伸长脖子。旗帜

汉巴赫城堡

的颜色是：黑、红、金，同阿道夫·冯·吕措福斯率领的自由军团的旗帜颜色相同，他的军团参加了德国人对抗拿破仑的战争。

汉巴赫，对，想起来了，20世纪80年代，德国公共电视台由众多党派把持的委员会在经过长时间拉锯战之后，最终决定开始在“转播结束（当时还有这个说法）”的时候播放德国国歌，这却给广播电台的编辑们出了一道难题。怎样为电视观众给“德意志之歌”第三小节（德国国歌）配上合适的画面？因为在一个发誓永远放弃任何民族主义热情的共和国里，你无法想象，这是一个多么棘手的任务。

幸好有汉巴赫城堡。这个城堡同其他一些德国历史中不会让人难堪的道具一道成了解决问题的良方。于是我们在听完最后的新闻和接下来的天气预报之后，会看到国旗在汉巴赫城堡塔楼上飘扬。对我个人来讲，最后的新闻总感觉要比主新闻听起来粗俗许多，当然有可能是我的错觉。城堡上那面旗帜永远都被人说成是黑、红、金三色，即便我们从幼儿园起见到的旗帜都只是黑、红、黄。

汉巴赫是我们历史中的美好片段。我们的民主之根深植于此。虽然我们并不以此为傲，但至少我们可以时时回想，又不会感到羞愧。汉巴赫节日满足了老联邦德国崛起这一微小神话的所有条件。它同样满足了成为某一类历史事件的条件。这类历史事件以一种可靠有时甚至是吸引人的方式，被塑造为一个让人自我陶醉的世界史泡沫。人们就在这样的泡沫中长大成人，然后才发现，这些泡沫变为有史以来最无聊的东西——学习材料和片尾字幕。

1832年，年轻人前往马克斯堡时的热情，完全可以和人们在当代历史事件中所迸发的激情相提并论，比如像伍德斯托克音乐节或者1981年10月举行的波恩和平游行。它们之间的主要区别在于参加汉巴赫节日的年轻人公开表达自己观点时所承担的个人风险。这样做的后果有可能是几年牢狱之灾和立即被逐出故土。处罚的依据是诸侯1819年达成的《卡尔斯巴德决议》。

政治集会在当时的德国被完全禁止，绝无例外。五月节的官方报备是室外聚餐，一开始被准许，之后被禁止，再后来又获准举行。这种拉锯战在大学生中却被证明是最好的宣传。新城及其周边的客栈在活动前几天就已爆满，私人旅馆也同样如此。人们在各个礼堂和学校用稻草铺设了大通铺。食品开始短缺，商贩哄抬物价。

归顺巴伐利亚的普法尔茨人过得相对还不错，巴伐利亚宪法保证了他们的某些自由。但全德大学生要的却不仅仅是政府的一些让步。在诗人和思想家的国度，在席勒笔下的“文化之国”，人们却不可以公开谈论政治，这可能吗？在强大的法国邻居面前，德国就像打满补丁的地毯一样，目光狭隘的诸侯们在这里发动小型战争，把公民当作奴隶一般对待，这合理吗？这一切都必须被终结。德国应该统一、自由，因此旗帜是黑、红、金三色。它们自 1817 年瓦特堡节以来就被大学生视为德国统一和自由的象征。也正因为如此，才会有波兰客人前来，他们两年前勇敢地起来反抗俄国监管者。出于同样原因前来的还有路德维希·博尔内，他被统治者视为煽动者、国家之敌。

当塔楼上的旗帜飘起后，才有东西可吃。但也不是所有人都有，只有那些因贪吃而愿意在预售时花费 1.5 个古尔登金币的人才有东西可吃。大部分人还是更乐于自带食物，在草地上随便坐下，并没有坐在那些给付了钱的客人预留的桌子旁。

饭后是节庆演说。共有 25 位发言人，其中有 19 位是有自由倾向报纸的编辑，所以这不仅是大学生集会，同时也是记者们的一次聚会。主要发言人是西贝普法夫和维尔特。原因是法学家西贝普法夫上过大学，善于用画面感十足的语言牢牢抓住听众。他要求德国人不要再像奴仆一样屈服于诸侯们的压迫，预言了一个统一的德国，在那里男女平等。

西贝普法夫因为如上言论在汉巴赫节后不久就被判处两年监禁。他逃往瑞士，在那里当上了教授。巴伐利亚军队在此期间进驻普法尔茨，对媒体的审查更加严格。但总有一天，遥远的一天，德国会自由。那时，政客对媒体施加的压力不再叫作审核，而被称为广播委员会。

00:24

呼啸的雄鹰

德国第一辆客运蒸汽火车上路

1835年12月7日的一分钟

火车司机身穿燕尾服，头戴大礼帽。他叫威廉·威尔森，同火车车头一样，也来自英国。火车头21马力，作为从纽伦堡到菲尔特的第一辆载人火车，它刚刚启动。蒸汽车头加上煤水车刚好7.5米长。不算上那极为醒目、向前突出的烟囱，它高度只到一个成年男人的胸口。车上并没有什么东西为来自纽伦堡的司机约翰·希罗尼穆斯遮风挡雨。但到目前为止似乎也没有人为此而抱怨。这一车型在英国斯托克顿—达林顿的路段上已经成功运行了十年。

巨大的“雄鹰”号火车头被安放在蒸汽锅炉之上，德国人坚持如此。但是火车头的设计者却是英国人乔治·斯蒂芬森和罗伯特·斯蒂芬森。纽伦堡的私人铁路公司——“路德维希铁路公司”花费1140英镑从位于纽卡斯尔的斯蒂芬森公司购买了这个火车头。交货时它被拆分成100多个零部件，不得不在当地名为斯佩特的机械厂被重新组装。同时人们在纽伦堡——菲尔特的公路旁边铺设了一条近乎笔直的铁轨。从纽伦堡到菲尔特的公路是巴伐利亚王国境内最繁忙的道路。这一地区的马车制造者生产了火车车厢。车厢有三个上车口，可以按照车厢等级从旁边打开或者关上，看起来像是把邮政马车延长，安装在一个行驶架上。

当火车开动的时候，人群中爆发出欢呼声。黑色浓烟从烟囱中蹿出，蒸汽锅炉轰隆作响。威廉·威尔森专注地看着。围观者向第一批乘客示意。乘客中的一些人也给予了回应。报社记者抽出笔记本写上，德国的火车时代开始了。

今天从纽伦堡到菲尔特的火车路段属于德国最无聊的路段之一。现在当3号城际快车在纽伦堡主火车站开动以后，没有乘客会往窗外看。大部分人想要去往莱比锡、柏林和汉堡。离这里只有七公里远的菲尔特算得了什么？一位乘客会拿出笔记本电脑放在桌上，打开操作系统，在键盘上运指如飞。另一位乘客会埋头看《商报》。第三位乘客则直接陷进皮坐垫里，合眼小憩。这里根本没什么可看的。

如果报纸或者杂志读者在大客车里看到一篇关于德国铁路的文章，那这文章极有可能是负面报道。有时候文章甚至会用极为讽刺的口吻，并且经常是围绕一个问题：国有还是私有？

现在，人们对于1835年火车首行的热情已经无从感知。德国铁路成了一家饱受诟病的企业。与先进的列车、崭新时尚的车站和态度友好的服务相比，德国铁路的收入却达到了史上最低。公众的意见从未公正过。

不，现在人们已经再也无法想象，在19世纪前半叶，铁路曾被德国人视为进入新时代的最好象征。用今天的眼光来看“雄鹰”号，人们会觉得它似乎应该在游乐园里运送小朋友。但在当时，“雄鹰”带着呼啸着的火车为大家营造出一种非同寻常的觉醒氛围。在“铁路时代”，人类将超越自我！

《斯图加特晨报》记者也参加了“巴伐利亚路德维希铁路公司”的首行，他在报纸上写道：

“谁不想在此刻看到现代、古代和中世纪的根本差别在火车司机身上得到最拟人化的体现！每个依然不可或缺的熟练身体动作在火车司机那里都不再重要，它们作为重要整体的一部分，只是为了能够清楚照顾到即便是最微小的细节。司机没有一刻空闲，关注一切，计算每一分钟；因为他必须让火车启动。他好像是火车和构成火车巨大能量元素的灵魂一样控制着它们。”

让记者着迷的是人机合一。这里使用的技术并不复杂，因此这篇报道会让今天的我们感到奇怪。但是对于一艘即将起飞的宇宙飞船或只是跑道上的一架空客来说，重要的依然是，要以“没有一刻空闲，关注一切，计算每一分钟”的状态来操作。这一原则至关重要，在这类工作中，人类的身体力量完全不重要，

“雄鹰”号火车

身体灵活性也只是发挥次要作用；重要的是对工作的全神贯注和对设备的了解。这样的工作以前从未有过。人类就这样开足马力进入现代技术时代。

在德国，修建铁路的想法从一开始就是国家和个人的双重倡议。对于未来的发展方向，国家和个人之间达成了罕见的统一。这在以前从未有过，未来也不会再有。第一家蒸汽铁路公司名为“路德维希铁路公司”，名字来源巴伐利亚国王路德维希一世。然而，这位君主却对这一计划兴味索然，并未出席公司成立的开幕仪式。

路德维希同意公司如此命名并促使巴伐利亚政府象征性地购买了公司两股股票。然而实际上，路德维希对铁路的好感只持续了很短时间。之后他就发现，铁路对他自己的基础设施政策构成了令人不快的竞争。他计划通过船运网络来开拓巴伐利亚。

这样，纽伦堡的商人们就于 1833 年 5 月 14 日创建了“蒸汽运输铁路建设公司”，并在短短六个月内筹集到了高达 13 万古尔登的资金。他们许诺给投资者高达 12.6% 的利息，让很多人觉得不现实。但就在投入运营一年之后，公司就开出了高达 20% 的股息。当时的铁路就是这么成功。

铁路线的建设也并非一帆风顺。为获得所需土地，建设成本暴涨。私人公司无法充公个人土地，也不能控制收购土地的价格。此外，当时也缺少与此类建设项目相关的法规。因此，一些农民就将一些本来一文不值的土地以非法高价卖给建设公司，因为他们明白，没有这些土地，铁路修建计划必然失败。人们看到，这里完全缺少一个可靠的政治经济框架。但是这些企业家却善于灵活变通，最终还是达成了目标。这家一开始每天只能用同一火车头开行两次的运输公司顺利得以扩建。

1839 年在莱比锡和德累斯顿之间就已经有了第一条远程铁路。铁路总长 120 公里，还有隧道，这轰动一时。在各德意志小国内，私人铁路公司遍地开花。随着时间的推移，铁路的政治意义也得到认可。许多人将其看作超越德意志小国思想的象征。德国可以通过铁路网被连接起来。人们看到了物流和人员流动是如何刺激经济发展的。

最终，普鲁士首相奥托·冯·俾斯麦在1871年建立德意志帝国之后，结束了众多私人铁路公司割据一方的局面，创建了统一的国家铁路公司。主要原因在于铁路不断提升的军事战略意义。高效的军队运输不应该控制在私人手中。此外，私人铁路公司也缺乏效率。不同的私人铁路公司在线路上相互避开，并没有利用机会连通整个铁路网。再者，在跨区物资运输中，不统一的收费标准要求人们还得精于计算。

“一战”之后，德国铁路才真正实现国有化。德意志帝国铁路公司建立。它是今天负责管理纽伦堡—菲尔特路段的德国铁路公司的前身。但政治或许会再作他想也未可知，就像在1835年这里就已经有一家私人公司提供火车头。

00:25

“从未有人如此放肆……”

海因里希·路德维希·切希枪击普鲁士国王弗里德里希·威廉四世

1844 年 7 月 26 日的一分钟

这将是炎热的一天。7 月底人们能够感受到柏林大陆性气候的特点。空气中满是灰尘，光线泛黄。有时数周没有降雨。一大早工人们就脱掉夹克，解开衬衫扣子。套着挽具的马匹喘着粗气，令这一天比平常开始得更加缓慢。

然而，站在王宫大门旁的那个男人却身着一件厚厚的黑色大衣。他有东西要隐藏，是一把双管手枪，可以装填两发子弹，通过两个独立的扳机击发。昨天晚上，他已经在这里蹲守过一次了，当时碰到一位身着黑裙要向国王递交请愿书的女士。然后他了解到，国王和王后今早要动身前往奥德河畔的法兰克福。

这个 50 多岁的男人身形匀称，脸部轮廓清晰，气质高贵。黑色的头发被精心分出头路。到了 7 点半还依然看不到要启程动身的意思。这个男人移动身体，往王室马厩走去。那里是为国王备马的地方。他在那里获悉，国王 8 点准时出发。于是他又回到了王宫大门处。

等待的时间很煎熬。终于，空马车行驶过来。国王和王后走下宫殿台阶。昨晚碰到的那位女士又来了。她向国王递交了请愿书。国王收下，交给一个内侍，然后随着王后上了马车。这时，这个名叫海因里希·路德维希·切希的男人迈步走向马车，掏出手枪朝着国王的胸口连开两枪。

一开始，在硝烟之中，人们什么都看不见。当烟雾散去，国王转身安抚王后。而切希被众人包围，责骂，殴打，直到警方和军方的人赶到，将他逮捕。国王对受到惊吓的王后说：“这个男人只是开了个玩笑。”然后起身，面向众人，用通俗的柏林语喊道：“孩子们，我没事儿。”

不，海因里希·路德维希·切希可没想开玩笑。普鲁士国王弗里德里希·威廉四世是德国美因河以北最具权势的人物，切希想近距离射杀他。此前一天，切希让人给他照了张银版相片（照相技术的前身）。照片中的他摆出一副英雄派头，左手放在心口，右臂像一位胜利者一样高高举起。今天的袭击者会制作认罪视频，但当时的技术还没这么发达。

这个切希究竟意欲何为？肯定不是政变。这应该是为了捍卫尊严而进行的谋杀行为。因为海因里希·路德维希·切希感觉国家深深伤害了他作为公民的尊严。作为牧师之子的他是达默湖区施托尔科小镇的镇长。他同上级机关矛盾不断。后者图清静索性就把他给罢免了。

切希却不想忍气吞声。他向几乎所有机构并最终向国王递交呈文，却都无果而终。当他终于明白罢免令无法改变时，他决定诉诸武力，枪杀国王。切希被关押在施潘道，在那里被判处死刑。这样的判决主要是因为他坚持自己有理，从未悔过。是的，在死刑判决之后，他甚至拒绝提出赦免申请，让国王颇感意外。

这本是政府以儆效尤的计划：先判切希死刑，然后再赦免他。这样就可以向人们展示出国家对于个人生死的绝对权力。但切希并不配合。最终据说弗里德里希·威廉四世饱含泪水签署了判决书。12 月 14 日，行刑。

弗里德里希·威廉四世打心底想要赦免袭击者这件事很有可能属实。不仅因为受国王器重的作家贝蒂娜·冯·阿尼姆和其他知识分子会极力促成赦免，同时也因为这符合国王谋求和谐的愿望。弗里德里希·威廉四世根本不愿加入普鲁士战争狂人的行列，在德国历史上他被视为“王座上的浪漫主义者”。所有这些标签都让我们更加容易接近事实的真相。

一切还要从弗里德里希·威廉身为王储时嗜读男爵弗里德里希·德拉莫特·富凯撰写的骑士小说开始。这个生活在急速工业化时代的君主，其实最想生活在理想中童话般迷人的世界里。在这个世界里，基于上帝愿望建立的社会秩序统治一切，人民和政府不是通过法律，而是借由爱和忠诚联系在一起。

弗里德里希·威廉梦想的东西被人们称为“德国理想”。然而，一个建立

弗里德里希·威廉四世

在个人关系和文化价值上的国家同新兴的工业资本主义是不可融合的，就像它不能同拥趸日增的国家社会主义共存一样。国王在追求极致社会和谐这一愿望推动下而做出的设想日益显得不切实际。

仅在艺术和文化领域，国王还是可以实现自己的想法。科隆大教堂在停工几个世纪之后终得完工，这要感谢国王的热情投入。毕竟没有什么比一座哥特式大教堂更能深刻体现出神授世界秩序下的中世纪设想。

国王命人在波茨坦建造了今天看来哈维尔河畔最漂亮的宫殿和花园：和平教堂、橘园宫、夏洛特宫、博恩施泰特皇家庄园、普菲斯特山上的贝尔维戴尔城堡等。紧邻和平花园的马尔利花园因其和谐美丽而成为19世纪后半叶别墅花园的典范。人们始终可以自由进入这些皇家花园。国王希望在清晨散步的时候能够碰到臣民，可以和他们打招呼。

1844年的枪击事件仅是对弗里德里希·威廉四世眼中健康世界的首次袭击。完全将这位君主带回现实的是1848年3月的大革命。此前几年时间被人叫作“前三月时代”是有原因的。到处都酝酿着不满的情绪，骚乱的阴影已有预兆。工业上的现代同政治上的中世纪长久下去是无法匹配的。

偏偏是爱好文艺的弗里德里希·威廉四世在德国历史上扮演了浑蛋角色：作为倒退分子白白放走了从1848年开始就走向民主的机会。作为君主竟然命人将枪口对准了自己的公民。虽然并非亲自下令，但在政治上还是要算在他头上。在一幅有名的漫画上，他站在一门粗大的大炮旁，朝恐惧的民众发射一枚硕大的炮弹。配的旁白是：“致我亲爱的柏林臣民。”

此间，切希却成了工人运动中有趣的民族英雄。虽然他在两米的距离内并未射中体形肥胖的国王，但他毕竟开了枪！

一首讽刺歌曲如此唱道：

从未有人如此放肆
好比镇长切希，
因他将将只差一丝

射中我们尊贵的国王。
……
怎会有人如此不幸
好比镇长切希，
只有两步距离
却未射中胖子？

这首歌之后迅速成为《共产党宣言》的合著者弗里德里希·恩格斯最喜欢的歌曲之一。今天，切希为尊严谋杀未遂或许只是历史的注脚。但背后还隐藏着更多信息。对道德制高点的坚定信念加上自我风格化的愿望或许使切希成为第一个现代恐怖分子。在切希的信念中，人们不可以如此罢免一个镇长。这表达出人们要以法治取代政府恣意妄为的愿望。四年之后，在又经历了几起枪击事件之后，弗里德里希·威廉四世被迫制定了普鲁士第一部宪法。它构成了我们现代法治国家的基石。

00:26

聪明人的议会

国会议员进入圣保罗教堂

1848 年 5 月 18 日的一分钟

教堂几乎难以辨认，这是有意为之。在接下来的几周，人们不会在这里祈祷，而是辩论。一长队身着黑色西服的男人经过仪仗队，走向教堂大门。他们甚至拒绝了人们进行开幕祈祷的建议。教堂钟声照常响起，却被淹没在钢铁炮管所发出的如雷般的礼炮声中。

人们曾想在法兰克福市政厅里开会。法兰克福是加冕德国皇帝的城市。由诸侯把控的联邦议会的议员们定期在这里开会。但这次全德选出的第一届议会有近 400 名议员。法兰克福罗梅贝格市政广场远远容纳不下这么多人。

15 年前完工的保罗教堂是政治独立的法兰克福最大的集会场所，并且它一开始就是市政建设的规划之一。市政不仅命人建造了这座现代化教堂，同时也承担了新教牧师的住宿和薪水。所以对于市政理事会来说，偶尔将保罗教堂用于政治目的也理所当然。

现在，教堂的窗户和墙上都挂满了黑、红、金三色旗。布道坛被一块布包裹着。教堂中间的圣坛被移去。取而代之的是供大会主席团使用的长凳以及长凳正前方的讲台。管风琴被一巨幅油画遮盖。油画上是一位目光严肃的女人，名叫日耳曼尼亚，她身着长袍，头戴花环，胸前绣着一只帝国雄鹰，右手执剑，左手握着一杆黑、红、金三色旗。背景中的群山之上，太阳冉冉升起。

之后伴随着廊台上观众的欢呼声，议员们进入教堂。他们中的大部分都是高官、律师、法官、检察官、教授、教师、牧师、作家或者私人学者。大会首先要选出大会主席。但这项议程只能明天进行，因为直到晚上，大会都没能就议事日程达成一致。

今天那些进入保罗教堂并随着台阶拾级而上的人会进入一条冷冷灰灰的简陋长廊。长廊的风格被称为西德的战后现代。这种战后现代我们也可以在科隆议会大厦和其他在“二战”中经过冰雹般炮弹洗礼的地标性建筑上看到。整个单调空间中的唯一亮点是一幅高及屋顶的壁画，这幅壁画由东德画家约翰内斯·格吕茨克从1987年开始设计，1991年完工。

几米长的画卷上呈现的是一支“人民代表队伍”前往保罗教堂的情景。可以看到男人们穿着一水的黑色西服，挤在一起，完全是写实的画法，然而这幅画却是漫画。人物的脸大多不成比例，经常被扭曲成怪样，身体姿态笨拙，被压得扁扁的，显得很局促。在这些人物之间散落着一些艺术史上的图形碎片——肥胖、丑陋的身体，尸体，雕像，一个国王和一顶王冠。观察者迅速发现：这幅画并不美好。这幅画所要表达的正是它所显现出来的丑陋、滑稽和厌恶感。为了对保罗教堂重新进行艺术装饰，人们举行了一场比赛。显然，比赛评委们觉得，这样的作品和教堂相匹配。

对此我完全不想反驳。我想问的是，如果1848年德国议会民主就已经诞生的话，这个地方看起来会有怎样的不同？它现在的样子只会让我想要从里面逃出去。如果今天德国的小学生都已经学会，看到1848这个数字，内心就产生一种敬畏，这种敬畏类似于法国11岁的孩子看到1789（法国大革命爆发）这个数字，或者美国儿童看到1776（美国独立）这样的门牌号所产生的感觉。假如1848年意味着革命！之后是自由、人权、民族独立！最终的结果是共和国！那今天这里又会是什么样？

这次大会实现了上述部分内容，但众所周知，总体结果异于所想。它们之间有什么内在关联？1848年年初，一波革命活动浪潮席卷欧洲，现代之风从莱茵河左岸吹来，这一次连德国也无从躲避。骚乱遍布各地，诸侯们已经不能像以往那样仅仅依靠镇压解决问题。中产阶级满心失望，知识分子依然受限于《卡尔斯巴德决议》。挺身而出的是底层人民，他们只能勉强过活。工业化将人类劳动简单定义为“力 × 力臂”这样的公式。急速的工业化和农业歉收使

圣保罗教堂

社会紧张关系更加尖锐。

在短暂有限的小范围争斗之后，诸侯们一开始同意在单个国家选举议会，之后范围扩大到整个德语联盟。相比较而言，这是一次比较温和的革命，它帮助1848年3月保罗教堂里的397位议员获得了议席。多数议员希望在诸侯的准许下建立一个德意志宪法国家，而并不想与诸侯为敌。他们希望奥地利参与进来，前提是它要为了一个德意志民族国家而放弃本国的非德语区。议员们希望普鲁士国王——虔诚的浪漫主义者弗里德里希·威廉成为国家元首。

今天被称为“自由资产阶级”的人在当时基本上都聚集在保罗教堂。但实际上，就基本立场和目标来讲，议员之间区别很大。以恩斯特·莫里茨·阿恩特为首的严格民族派和以弗里德里希·黑格尔为代表的社会改革派之间出现了极大分歧。此外，在保罗教堂，一些将会在20世纪依然影响德国的政治取向也已经初露端倪。

有人认为国家大小和强大程度高于一切。另一些人认为，社会平衡是最迫切的时代问题。还有一批人想要亲见公民各方面的自由权利得以实现，要求废除特权。再有一些人觉得个体谋求经济发展的机会是最为重要，他们想要消除贸易壁垒，实现行业自由。最终形成的氛围是多数人认为国家统一重于个体自由。一个拥有宪法的民族国家要尽快建立。

即便存在观点上的分歧，大家依然将保罗教堂大会首先视为制宪大会。能人志士找寻完美的法律文本，完成了制宪的所有工作。1919年的魏玛宪法和1949年的波恩基本法都以保罗教堂宪法为蓝本。

然而，官员、法学家和教授忽略了一点：制定出最好法律文本的人从来都不是政治游戏的胜利者。这里还有一些权力问题尚待解决，例如，在一个统一的德国，普鲁士和奥地利这两个大国分处什么样的地位？人们不能不切实际相信，奥地利会为了成为普鲁士国王治下的统一德国的一分子而舍弃它那个庞大的多民族国家。对于那些知识分子，尤其是读过黑格尔的人来说，人民、国家和民族是一个伟大思想，是统治者捍卫和加强权力的工具。

在对如何调停德国同丹麦之间对石勒苏益格地区的争端问题上，圣保罗教堂大会显得力不从心。它不加思考地要冒着发动一场欧洲战争的风险来解决这个问题。这时，柏林、维也纳等地的诸侯明白，同这些议员一起是建立不了什么国家的。当宪法出炉，普鲁士国王被选为国家元首时，国王毫不意外地拒绝了这样的提议。之后议会解散。

新的骚乱蔓延开来，人们想要在街头维护宪法。然而，诸侯们的军队，主要是普鲁士的军队要更强大，不久就死寂一片。有民主思想的公民认为德国民主无望，纷纷动身前往美国。诸侯们却认识到，要建立民族国家，因为其他欧洲国家都是竞争对手。但它得是由“上面”建立起来的，得按照贵族们的喜好，而不是根据受过教育的资产阶级的设想建立起来的国家。

现在只有一个资产阶级利益集团看到了他们的机会，这个利益集团就是那些拥有大工厂和矿山的工业巨头。中产阶级还太过弱小而不能成为这些巨头的同盟者。一旦工业巨头同贵族、军队以及旧秩序的捍卫者沆瀣一气，那么他们不久之后也会在权力游戏中占得一席之地。

00:27

天才与疯子

作曲家罗伯特·舒曼从杜塞尔多夫莱茵河大桥上纵身跃下

1854年2月27日的一分钟

狂欢节的玫瑰星期一，乌云密布的天空，雨无休无止。在杜塞尔多夫老城的小巷中，人们中午就已纵情庆祝。这是这个疯狂节日的高潮，人们装扮自己，四处游走，啤酒如泉涌般流淌。街道上满是小丑和骑士，公主和水手。到了圣灰星期三，他们将又坐回自己的书房或在车间里挥舞锤子。但是现在，他们大声歌唱，举杯共饮，言语污秽。

一位40多岁的强壮男人挤过人群，身穿碎花晨服，脚穿毡质拖鞋。这一身并非化装服。他现在没有心情随着众人一起摇摆。他悄悄离开了位于比尔科街寓所的卧室。两周来他的状况急转直下。他睡不着，出现幻听。家人想要看住他，却没有成功。

即便是狂欢节也是有规则的。晨服可算不上化装服。在玫瑰星期一，这会招人嘲笑。众人不客气地看着他，这些人中只有个别认出他是本地乐队指挥罗伯特·舒曼。但舒曼却自顾向前。他没有听到酒馆中传来的歌声。刺耳的音调在他脑中炸开，这是狂野的绝望交响曲。最终他气喘吁吁地走到莱茵河大桥，雨水已浸透全身。在收费站，他被要求缴纳过桥税，但他身无分文，就把手帕给了税官。后者放声大笑，放过了这个身着睡袍的男人。

在桥中间，舒曼登上栏杆，稍做犹豫，纵身跃下。在他身体碰到冰冷水面的一瞬间，发出砰的一声巨响。几个刚刚还在嘲笑这个疯子的渔夫，马上开船，尽其所能地快速向河上划去。他们把他拉上船。他反抗，乱打一气，又一次跳入河里。渔夫们再次捞他上来，按住他，把他带上岸。八个身强力壮的汉子最

罗伯特·舒曼

终把他抬回家。跟随他们的一群人大声叫嚷，讥笑阵阵。这真是一支滑稽的狂欢节游行队伍。

19 岁的罗伯特·舒曼在日记中写道：“我梦到自己溺死在莱茵河中。”他只是从书本上知道莱茵河。遵从父母的意愿，他刚刚在莱比锡大学注册成为一名法学专业的学生。舒曼的法定监护人是父亲。父亲出生于茨维考，是作家、翻译家和出版社书商，只是早早就已亡故。

舒曼在学校似乎从未修过法学课程，而是一心钻研文学和哲学，当然还有音乐。他的音乐天赋还在体内沉睡。年轻的舒曼经常在家一直赖到中午，沉溺于梦中。这些梦关乎美，关乎真，关乎艺术。

大约 25 年后杜塞尔多夫。舒曼的妻子克拉拉是一位广受赞誉的钢琴家。舒曼则负责城市音乐的运营兼任市乐团团长。体面的工作，受人尊敬的中产生活，对他来讲，却如在地狱一般。舒曼曾希望接班门德尔松成为莱比锡音乐厅的领导。那里演奏的才是真正的音乐。然而，事情却未能如愿。那还是进入文化部门吧，毕竟聊胜于无。

一开始，舒曼对于莱茵河的这种生活方式偏爱有加。这种偏爱在他的第三交响乐《莱茵河》中有突出的表现。然而这种偏爱很快就消失得无影无踪。乐团乐师们看心情上班。合唱团团员一直在扯闲天儿。简单来说，这里缺乏音乐水准和职业操守。舒曼又没有成功人士的特权，可以对他人提条件。作为作曲家他饱受争议。在他作品的首演上，掌声并不热烈。

1854 年年初的舒曼就是一具行尸走肉。他不再向人倾诉内心感受。深夜里，他从床上跃起，写下音乐旋律。他说，这是天使给的音乐。各种声音在他头脑中萦绕。为了最终获得安宁，他只想去一家精神病院。但这也意味着他中产生活的终结，因为即便痊愈，疯子也还是无法再次回归社会。直到他跳河之后，人们才最终把他送进了波恩附近的疯人院。两年之后，他死在那里。遵照医生的建议，舒曼的妻子克拉拉·舒曼只去探望过一次。舒曼就这样孤独地亡去。

150 年来，人们一直在猜测舒曼所患的疾病。但人们获得的信息大多是关于这些猜测的始作俑者，而非作曲家本人。有的人说舒曼得的是抑郁狂躁症。

有的人则认为是精神病。相反，舒曼自传的作者维罗妮卡·贝西认为，我们今天所说的过度疲劳才是促使舒曼跳河的诱因。多年来，他一直超负荷工作，被音乐消耗，内外交困，是真正的“油尽灯枯”。此外，与以前相反，现在人们公开写舒曼曾患有梅毒。这种可传染的性病在感染多年后才会发病，会使人性情大变。但这难道就是舒曼的一切吗？

今天人们要想现场听舒曼的音乐，大多会在华丽的音乐厅。听众多数上了年纪，说话语气缓和，身穿新熨的衬衫。乐团成员身着燕尾服。德国浪漫主义音乐会是极纯粹的活动。演奏家们不会在巡演中把酒店房间搞得乱七八糟。双簧管演奏者也不会去勾搭一个又一个女粉丝。即便有例外也只能证明规则的存在。

我们总是乐于将 19 世纪的伟大作曲家们设定在这场景中：他们坐在彼得迈沙发上，搅着可可杯，手轻轻抚摸孩子们的头发。约翰内斯·勃拉姆斯就如大家期望的那样正直忠厚，只是没有孩子。舒曼曾在艺术之路上对勃拉姆斯极力提携。勃拉姆斯就这样从一个稍显女性化的小伙子变成了一个满脸胡须、性格乖戾之人。他生活忙碌，喜怒不形于色。

罗伯特·舒曼最终还是没能控制住自己。有一天，一切都爆发了。他内心过于紧张。早在 1834 年创立《新音乐杂志》之初，就创造了两个足以反映出他内心分裂的艺术形象。一个叫弗罗雷斯坦，代表着充满激情的舒曼，想要不断地冲破约束，尝试新的不同寻常、惊世骇俗的事情。另一个与之对立的形象叫欧西比乌斯，展现出舒曼内敛、谦虚的一面。

其实 19 世纪的德国音乐正如这两个人物形象一样，充满激情、矛盾、渴望、低俗和对和谐的渴盼以及对冲破约束的浓厚兴趣。如果没有浪漫主义艺术家和音乐家，今天的大牌艺术家和其广为人知的奇思妙想也就无从而来。像约翰·塞巴斯蒂安·巴赫这样的音乐天才当时仍自视为一个手工匠，一个老实的“作曲人”。直到浪漫派出现，艺术才有了灵与肉。

伟大的作曲家不仅创作出热情满满的音乐，同时过着极端的生活，对自己的天赋丧失信心，与同性以及异性都保有私情，大多染上了梅毒，就像 20 世纪 80 年代的艺术家大多患有艾滋病一样。这一切始终不太利于维系音乐传统。

舒曼是唯一一个艺术家，因为玫瑰星期一的尴尬事件而将上述乱象暴露出来。但是难道我们就不能让这些钢琴造诣如半仙一样的艺术家做回普通人吗？我确定，在我们的时代，他们或许和我们并无太大差别。我们不妨重新听一下他们的音乐。

00:28

要决斗，不要阶级斗争！

费迪南德·拉塞尔在决斗中负伤

1864年8月28日的一分钟

另一个人的枪更快。年轻的罗马尼亚贵族扬科·冯·拉克维萨抢先于德国工人领袖仅仅不到一秒钟开枪。眨眼间，高下已分。德国人已没有机会瞄准，但还是朝爱人的前未婚夫开了枪，却射偏了。之后他向左踉踉跄跄走了两步。他的一个同伴，身着燕尾服，头戴大礼帽，问他："你受伤了吗？"他咬紧牙关，回答："是的。"帮手们扶着他，带他到草坪上的垫子上，让他躺下。之后，他们尝试尽可能好地给他包扎。但他出血很严重。罗马尼亚人的子弹打破了他的私处。

费迪南德·拉塞尔前一晚一如往常，睡得不错。他身为德国工人协会的主席和人约好，在日内瓦附近的一个村子卡鲁日进行决斗。但这似乎并未使脉搏飙升。他出身于布雷斯劳一个富裕的布商家庭，中学时就让人惊异于他的厚颜无耻。正好现在要决斗，他的助手奥博斯特·吕斯托夫在凌晨5点钟叫醒了他。他马上就看到助手带来用于决斗的手枪。他抢过来，搂着助手的脖子，笑着说道："现在我有趁手的家伙了。"

清晨6点半有一辆从日内瓦到卡鲁日的马车。出发时，拉塞尔把《圣经》递给奥博斯特·吕斯托夫。这是规矩。路上，拉塞尔想，决斗应该在说法语的地界上进行。但因为瑞士禁止械斗，他不得不离开日内瓦。这让他感觉很遗憾，他很喜欢这里。助手惊讶于他说话的语气。拉塞尔也应该考虑到，对手也有可能打中他。但他依然兴高采烈。

早上7点半刚过，拉塞尔到了小树林中一块偏僻的草坪。他还静静地喝了

费迪南德·拉塞尔

一杯茶。之后拉克维萨和他的助手出现了。他们通过抽签决定由奥博斯特·吕斯托夫负责发号施令。从瞄准到射击一共20秒钟的时间。吕斯托夫高喊“一”，计时开始。5秒钟之后互开第一枪，击中。“二”，10秒钟之后，胜负已定。

德国社会民主之父拉塞尔坚持了三天，之后在卡鲁日伤重不治身亡。引发这一切的那个女人却再也没有和拉塞尔见面。反正这也是一份前景黯淡的爱情。费迪南德·拉塞尔本名叫拉塞尔，为了向法国大革命思想致敬，他将名字法国化。他曾在一个流行的疗养地同外交官的女儿埃莱纳·冯·多尼格斯坠入爱河。他本想娶她，但是女孩的父亲威廉·冯·多尼格斯却严词拒绝。

这并不令人感到意外，因为拉塞尔是德国知名的政治活跃分子，每隔几个月就进一次监狱。在上流圈子，他并不是好的结婚对象。深感尊严受挫的拉塞尔要求与老多尼格斯进行决斗。但多尼格斯根本不想被一个社会主义分子射杀，就派罗马尼亚人拉克维萨代他去，即便拉克维萨同他的漂亮女儿早已解除了婚约。

一个工人领袖死于同贵族的决斗中。决斗牵扯到的无非是上层脆弱的自尊。初看起来，这似乎是对历史的疯狂嘲讽。但或许这仅仅是事情的表面。仔细看待这一事件的话，会发现这件事完全符合费迪南德·拉塞尔的性格。他已经具备现代职业政客的特点。对他来说，投身政治完全不是因为与己相关，而是为了自我实现。他成为民众领袖不是迫于精神压力，而是出于热爱。

这当然还无法直接说明费迪南德·拉塞尔的政治目标是错误的。他只是领先于自己所处的时代（我们先不考虑古希腊、古罗马时代），在当时，如果有人斗争不息，那他不是为了捍卫自己所属阶层的特权，就是为了反对有碍于他的环境。但现在却有人只是出于好玩这么做，这在当时绝非寻常。如果有人生性好斗，那他在社会矛盾中也就不一定会去追求公平。

子承父业在当时是理所当然的事。年少自大的拉塞尔已经迅速摆脱了父母的束缚。他不想跟丝绸打交道，而是想要与书籍为伍，不愿在市场和博览会上引人注目，而是想在精神世界光耀世人。他想要成为作家和哲学家。他就这样成了政治知识分子，头脑里满是理论，登上了实用的政治舞台。

说到他的理论，哲学家黑格尔是他最重要的理论权威。在黑格尔那里，国家获得了一个形而上的维度。中世纪德国人的思想关心的是精神和世俗的权力关系，马丁·路德宗教改革之后关注的是牧师和诸侯之间对精神和世俗权力的分工。现在基督教失去了对文化精英的影响力，所有德国人觉得神圣的东西都混在了一起。

黑格尔认为，在国家里，所有个人融为一体，百万倍的力量聚集在一起，不断壮大。资产阶级社会野蛮生长却并不完美，不具备成为真正强者的能力。但现代国家却能克服这种不完美，将汇集成一体的人类带向最高级别的道德自由。历史洪流在一种“辩证”的进程中起起伏伏，却依然在向这个最高目标迈进。很明显，黑格尔从未关心过个体能否自由选择自己的道路，更多的是，人只能在集体中发现自我。很多德国人喜欢这一思想，他们中的多数都不曾学会调动个人资源。

但是适合拉塞尔并能够通向最高目标的集体现在还不存在。他在被剥削的工人中找到了这个集体。即便他从未成为一分子，却能凭借能言善辩和执行力成为他们的领袖。拉塞尔进一步发展了黑格尔的思想。他认为，工人自己无法获得解放。他们需要一个受过哲学训练的“领袖”——这是他的原话。这个领袖可以给他们开天眼，向他们指出联合起来所拥有的力量。

然而，在争取工人群众注意力的斗争中，拉塞尔不是一个人。同他竞争的是卡尔·马克思和弗里德里希·恩格斯。他们是《共产党宣言》的作者。他们的思想也来源黑格尔。但他们将黑格尔的“辩证法”转为唯物主义辩证法。作为理想主义者的拉塞尔绝不会苟同。于是他同马克思和恩格斯的关系并不和谐。他时而同他们合作，时而又疏远他们。

1848 年大革命失败之后，工业化不断推进，德国和欧洲贵族的权力牌局变得越发艰难，社会和政治处在变革期，政治意识形态的时代就这样开始。继教士和皇帝、诸侯和资产阶级之后，又一个政治阶层加入游戏之中：民众领袖。

无论民众领袖在意识形态上有哪些倾向，他们总是许诺要解救大众，只要人们按照某一特定的原则（不能偏离）改造整个世界（范围不能缩小），只要大家联合参与进来。注意，是只要。如果有人不愿加入呢？没问题，我们有办法和手段让他归顺。

00:29

工程师之国

威廉·西门子演示伦敦同加尔各答之间互传电报

1870年4月12日的一分钟

面对众多观众，威廉·西门子不愿让他人代为演示设备。格林尼治时间中午12点45分，“西门子兄弟”公司伦敦分部电报室。威廉·西门子留着半光头，雪白的络腮胡。他请求身为印度殖民政府成员的威廉·巴克将军讲几句话。他们要通过西门子新生产的印欧电报线向巴克的好友罗宾逊上校发送电报。上校目前身在加尔各答。这个印度大都会距离伦敦11000公里，超过地球周长的1/4。

鼻音浓重的将军意味深长地说：“威廉·巴克先生致加尔各答的罗宾逊上校，恭贺直通印度的印欧电报线投入运营！”西门子公司的助手立即在键盘上敲击，这个32键键盘外观像钢琴键盘。现在这则消息已经在路上，需要做的只是等待。

对于英国人来说，这条新的电报线路极为重要。200年来，印度一直都是英国最重要的殖民地并且在很大程度上保证了英国的富足。在英国看来，政治局势不再稳定如常。在应对上一次印度血腥起义时，东印度公司这家民营贸易公司已经显得力不从心。自那以来，公司的管理就被王室交由军方负责。军方镇压了起义，并且在此过程中发现，通过电报迅速沟通才是部队的真正优势。现在要是有一条线路可以直连伦敦该多好！在现有的线路中，每条消息都必须在中转站中手动输入，因而极不可靠。主要是波斯人会曲解那些不理解的信息。德国人可以通过技术优势实现这一愿望吗？

时间是下午1点50分，“西门子兄弟”公司的电传打印机嗒嗒响起，公司经理致伦敦的威廉·巴克先生：“感谢您28分钟之前的电报，将转与罗宾逊

威廉·西门子

上校。”全场轰动。下一期报纸会令威廉·西门子名满天下。

早在 1870 年左右就已有了“旧经济”和“新经济”的说法。“旧”经济指的是铁、钢和机械工业。在这些领域，英国几十年来一直是执牛耳者，但曾经落后的德国人开始奋起直追，紧紧跟随英国工业的脚步。到 1890 年，德国人获得了这场赛跑的胜利。从 1860 年到 1913 年，德国在世界工业生产上的份额共计翻了三番，而英国所占比重则下降了 1/3。1900 年德国工业在欧洲经济总量中占比达到近 1/4。

“旧”工业的成功始终离不开它同政治权力的亲密关系。如果普鲁士以及之后统一的德国没有大规模扩军，像波尔西克和克虏伯这样的企业不可能迅速壮大起来。1870 年前后，阿尔弗雷德·克虏伯是最知名、最富有的德国工业家。“克虏伯钢铁”的传奇名声最开始发迹于火炮炮管，之后则要归功于整个火炮的生产。高级官员和国王定期去埃森拜访这位闻名世界的“大炮之王”。“老克虏伯”虽然被同时代人描述为缺乏人性的典型，但他却明白世界权贵对他的期望。

“新”工业指的是化工和电子技术产业。在这些研究密集型行业中，实验室和工厂车间经常是一体的。在这里工作的是另一类人，像德国通用电力公司的创始人埃米尔·拉特瑙，或者是维尔纳·西门子和威廉·西门子。西门子两兄弟在位于柏林工人区的家中后院仓库里开始苦苦思索。他们对政府评价不高。在 1848 年大革命中，维尔纳·西门子从不掩饰对“民众”的同情。他支持所谓的“反动势力”。之后，他支持“自由进步党”。这个党对俾斯麦的保守政策持批评态度，但它也不信任社民党人。

西门子公司的崛起很大程度上要归功于其所属家族成员的探索精神、技术野心、沟通才能以及胸怀世界的开放心态。和今天谷歌两位性格迥异的创始人谢尔盖·布林和拉里·佩奇类似，西门子两兄弟维尔纳和威廉才能互补。维尔纳·西门子热衷技术，一生都居住在柏林，而他的弟弟威廉则具备商业头脑，后来移居到贸易之都伦敦。其他家庭成员则去往圣彼得堡等地。西门子家族很快就明白，凭借通信技术他们已经不仅仅能在德国经营生意了。

企业的成功证明了他们的看法。德国不仅在“旧”工业上很快赶上并超越英国，“新”工业也以更快的速度达到顶尖水平。1900 年前后，西门子加入大公司的行列，并且在世界通信技术市场上占有统治地位，就像巴斯夫在化工领域一样，是当时第二大创新产业。

威廉·西门子在 1850 年就已经接管了公司的伦敦分部。由于当时企业还有一个合作伙伴，所以公司名字还叫“西门子－哈尔斯克”。后来西门子结束了这种合作关系。同时威廉·西门子中断了工程师的培训和自然科学的大学学业。他是一个销售天才和我们今天所说的“社交网络好手”。他很快就融入了伦敦的生活中去，广泛结交并成功地进入电报市场，虽然在英国，这个市场已经高度发达。

1857 年，维尔纳·西门子和威廉·西门子受英国委托在地中海撒丁岛和阿尔及利亚之间铺设第一条深海电缆。英国政府支持个体竞争，不会将合同给予那些善于游说的人或者自诩是最伟大爱国者的人。提供最优服务的人才能得到合同。这对西门子极为有利，于是西门子兄弟经常成为优先选择的对象。此间，威廉·西门子成为英国公民，并在 1859 年将名字改为英式称法。这利于生意。

与许多德国人不同，西门子家族完全不认同狭隘的民族主义。在这个成功的企业中，人们懂得开放、创新和富足之间的紧密关系。与阿尔弗雷德·克虏伯相反，大家认为西门子两兄弟开明、公正、亲切。

西门子公司的印欧电报线路是 19 世纪技术史上的伟大成就之一。仅仅依靠德英两国众多乐观小股东的投资，这条电报线不到两年就已完工。期间需要克服的巨大技术难题出现在近东地区。在出现了几次小问题之后，这条付费电报线路回报极好，一直运营到 1931 年。

在德国 1860 年至 1890 年崛起成为顶级工业国的道路上，这只是其中一例。仅仅在一代人的时间内就超越英国，比肩强大得多的美国，究竟是怎么做到的？首先得有善于抓住机遇的企业家，但是还有其他因素。

历史学家阿努尔夫·巴林指出，面对国际竞争压力，德国人成功地将工业同科研结合起来，这在当时具有独创性。氨合成法的成功就建立在巴斯夫同卡尔斯鲁厄工业大学的弗里茨·哈伯之间合作的基础之上。巴斯夫研发出了哈伯－博施氨合成法。

国家和个人捐资者都将大笔资金投入研究和对年轻人的培训中。当时的德国大学被视为世界上最好的大学，而不是哈佛或者普林斯顿。德国的教育理想现在同娴熟的技术结合在一起。诗人和思想家的国度同时也成了工程师之国。德国的成功很大程度上要归功于知识和事业心的组合。

00:30

在尖顶骑士头盔下统一

普鲁士国王在凡尔赛宫称帝

1871 年 1 月 18 日的一分钟

凡尔赛宫是法国的骄傲。大革命、断头台、拿破仑和共和国都未曾改变这一点。甚至在过去几年中，法国又有了一位君主，皇帝拿破仑三世。然而他的威望却降至冰点。经济陷入危机，国家债台高筑，工人不满，资产阶级感觉自己被政府剥夺了权利。皇帝又对自己的主要对手普鲁士发动了战争，结果铩羽而归。

凡尔赛宫 73 米长的镜厅依然光辉闪耀。镜厅位于二楼中央，占据了整个楼层的宽度。17 面巨大的镜子反射进入拱窗的光线，同时将花园美景也映入室内。中午时分，上百位德国军官聚集在这里。是德国军官！还是在这里！他们觉得自己是胜利者并想要在被战胜者的圣地为自己的权力加冕。

厅内喧闹异常，直到主角们登场：普鲁士国王威廉一世、王储弗里德里希、各诸侯以及身着白色制服的北德意志邦联首相奥托·冯·俾斯麦。顿时鸦雀无声。众人在一个仓促设立的圣坛旁开始新教的礼拜。军队牧师在祷词中回忆了 170 年前弗里德里希一世加冕成为普鲁士国王的情景。威廉一世坚持在这一天举行加冕仪式。对于这个几分钟后就要成为皇帝的男人来说，同旧的普鲁士王国说再见并不容易。

《让我们现在感谢吾主》曲终之后，国王、王储和诸侯上了三级台阶站成一排。左右两边是头戴尖顶骑士头盔的仪仗队士兵，身后是一片旗帜的海洋，这些旗帜属于参战的各个军团。

按照之前的计划，巴伐利亚国王路德维希二世代表诸侯们给霍亨索伦家族

普鲁士国王威廉一世在凡尔赛宫称帝

的威廉戴上皇冠。威廉做了简短发言，发言稿出自俾斯麦之手。威廉说：“我为自己以及普鲁士的王位继承人受下这皇帝的荣誉。”巴登的弗里德里希大公随即高喊：“威廉皇帝万岁！”在叮叮咣咣的佩剑碰撞声中，这样的口号三次响彻大厅。外面隐隐听到隆隆炮声。

在这个统一日，德国诸侯们只在一点上不能达成一致：皇帝的头衔究竟该怎么称呼？威廉本想自称为“德国皇帝”，如果他已经这么做了，那也不会再有什么非议。但这样的称呼会意味着威廉现在统治整个德国。然而这却并不在计划之内，其他德国诸侯并未退位，而是继续保持独立。主要是南德诸侯坚持如此。这样的话，“德国的皇帝”就可能是唯一合乎礼节的头衔。再或者叫作“德国人的皇帝”？这个头衔也未能一致通过。于是大家就这个问题一直争执到加冕仪式开始之前。巴登大公通过高喊“威廉皇帝万岁”聪明地把这个矛盾给遮掩过去。

这样的龃龉表明，使德国众诸侯协调一致是多么困难。在正常的情况下，这甚至是根本不可能的。普鲁士总理兼北德意志邦联首相奥托·冯·俾斯麦也深知这一点。多年来，他的目标一直都是让德国在普鲁士的领导下转变为一个民族国家。统一而又强大，只是不要太过民主。俾斯麦曾说过，只有“通过血和铁”才能实现德国统一。他想表达的是，只有战争这样的特殊情况才能释放出足够的力量重建德国的政治秩序。

俾斯麦的这种观点其实很让人意外，因为民众几十年来在统一德国的神话中越陷越深。当国家建立这一天到来时，多数人也确实爆发出惊涛骇浪般的热情。只是几十年来，民族神话是一回事，欧洲权力政治又是另一回事。

于是，新皇帝和新国家主要面临三大问题：第一，普鲁士和奥地利旷日持久的矛盾。维也纳不愿归属于一个由普鲁士统治的德意志民族国家。第二，南德小国的既有传统，主要是巴伐利亚、符腾堡和巴登。美因河以南是另一个世界。这里没有人愿意生活在一个由北德人主导的国家。第三，自拿破仑远征以来就变得棘手的德法关系。巴黎方面以强烈的怀疑态度看待普鲁士日益壮大的势力并一再声明，如果柏林方面尝试将其势力范围扩展到南德，就会对德开战。

1866年，奥地利为了争夺对德统治权同普鲁士开战。普鲁士在柯尼希格雷茨战役中的胜利意味着德意志联盟的终结。令南德和西德天主教徒惋惜的是，多瑙河畔的君主政体在可预见的时间里将不能再参与到“德意志帝国”这一伟大事业中来。相反，普鲁士却利用这一有利时机，再次极大地扩大了自己的势力。它在同奥地利开战期间吞并了与其结盟的国家，包括汉诺威、黑森、石勒苏益格和荷尔施泰因，此外还有自由城市法兰克福。

美因河以南，莱茵河以西地区的人们紧张起来。俾斯麦通过熟练的外交手段使加入北德意志邦联（这是加入统一帝国的前奏）对南德人显得很有吸引力。普鲁士承诺，尊重南德各国的既有传统，许诺他们一些特权，比如在邮政和税收领域。同时，普鲁士还保证会保护南德各诸侯在未来免受法国攻击，当然最主要的还是要保护他们免受西德南德地区令人厌恶的民主人士阴谋活动的影响。几百年来，对德国地方诸侯来说，任何能确保他们权力的事情都是合理的。因此，他们同意加入北德意志邦联。

现在还剩法国。在这个大公国，皇帝一人专权，虽然在豪斯曼男爵的辅助下巴黎情况有所改善，但法国在政治上却陷入危机。柏林的俾斯麦深信，为了按照他的设想建立德意志帝国，一场同法国的战争不可避免。

然而，俾斯麦一开始宣称，没有人企图建立壕沟。他在1868年曾表示：“我从不会认同一场本可避免的战争，更不要说主动发起这样一场战争。但是同法国的这场战争即将到来，并且是受迫于法国皇帝。”实际上普鲁士的决策者等待的不仅仅是同法国开战的机会，更多的是在等待一个机会，既可以同法国开战，又要让法国承担罪责。

历史帮了俾斯麦这个忙。1868年秋，西班牙女王被军事政变推翻。西班牙人把王位交给霍亨索伦—锡格马林家族的利奥波德王子。这在法国激起众怒。因为这位王子信仰天主教，同普鲁士国王是远亲。高卢人认为自己已经被德国诸侯家族包围起来，威胁要发动战争。利奥波德王子惊慌之下退出王位的角逐。

但是法国外交部的反应却于法国不利。外交部派遣大使文森特·贝内代蒂去见正在巴特埃姆斯疗养的普鲁士国王威廉一世。据说大使坚持让威廉保证避免再次发生这种辱没法国的事件。威廉召见了他，以普鲁士人特有的直接回应他，对于无人知晓的未来，他无法给予任何保证。当贝内代蒂想要再次同国王面谈时，国王回应依然很礼貌，却拒绝了他。国王同时指出，利奥波德王子在此期间已经发布官方声明，此事就此了结。

威廉习惯性地向俾斯麦发电报，告知他同法国大使之间的进展。同时他委托俾斯麦在媒体上公布此事。这其实也没什么特别之处。但俾斯麦却看到了点燃德法之间火药桶的机会。俾斯麦巧妙地删减了从巴特埃姆斯发来的电报，使它读起来像是在奚落法国，使法国可能以宣战作为回应。法国人确实就范，一如“铁血宰相”计划的那样。

00:31

“为了德意志人民”
柏林国会大厦奠基

1884 年 6 月 9 日的一分钟

面对大雨，人们无计可施。除此之外，整个活动组织近乎完美。国王广场已经变成了一个由软木和金箔搭建起的露天马戏场。国王广场位于多罗汀大街和所谓的科罗洛佩尔之间，科罗洛佩尔是一家主要上演轻喜剧的剧院。广场的南、西、北三个方位都搭建了巨大的看台。人们在周围的石柱上装上各诸侯国的国徽。所有东西都有重重的花环做装饰。此外，旗子和身穿军服的人遍布各处。每个拥有军服的人今天都把它从衣柜里找了出来。观众席上几乎看不到平民的身影。

东面 4 根 30 米高的白色壁柱将国家马戏场围起来。这些壁柱上都装饰着麦穗包裹着的铁十字架。壁柱顶部，普鲁士雄鹰振翅欲飞。两根壁柱间的中间位置有一个舞台。舞台上一顶 15 米宽的巨型华盖装饰华丽。顶部的王冠意味着，德国皇帝把这里作为包厢。一条红色地毯从舞台向下，越过 16 级台阶，一直通往尘土飞扬的广场和广场中央的舞台。这里立着被刷成白色，远远可见的国会基石。

帝国建立以来的前 13 年中，国会开会都是临时寻找地点。议员们确实没有实权。普鲁士统治下的德国地方诸侯才是真正的权贵。对于他们决定的事，议员们只能点头称是。

但德国这样一个庞大的民族国家竟然连一个体面的国会建筑都没有，他人又会怎么看待德国呢？仅仅是选址就耗时数年。进行了两次竞标。第二次竞标

柏林国会大厦

只允许德国人参与。一个年长的贵族曾坚持他的选址，但这已是后话。最终按照保罗·瓦洛特的设计方案建造国会大厦。保罗·沃洛特是竞标方面的常胜将军。

霍亨索伦家族的三代人，威廉皇帝、儿子弗里德里希和孙子威廉，迈步走过红毯，走向基石。俾斯麦今天又是身着白色军服。在他的注视下，满脸胡须的老皇帝抓起一把装饰过的锤子。它算不上真正的锤子，更多是一个装饰品。文书上写着“愿和平笼罩建筑内外”，威廉要将这些字锤刻在基石之上。他果断下锤，不想锤子却一分为二碎开。

1991年6月20日同样是大雨肆虐。这一天，德国议会不得不将波恩曾经的一家水电厂当作临时开会之地。但是是否将议会选址在这里却是争论了几小时的议题。几百人不顾大雨在波恩市场广场上观看了会议的电视转播。几周以来，在一些高级官员的梅赛德斯轿车后备厢上贴着一张蓝白色贴纸，上面写着“就选波恩”。在过去的西德，人们依然希望，一切照旧。

联邦德国议会要在德国重新统一之后再次搬入由保罗·沃洛特设计的柏林国会大厦吗？莱茵河畔的波恩作为曾经的权宜之选不早就能够更好地代表德国了吗？联合政府中的政客诺贝特·布吕姆陈述自己的理由，柏林在未来10年中，也就是到2001年，肯定会成为一个“拥有800万人口”的城市，它会成为“大西洋和乌拉尔河之间最大的大都会”。在预言之后，他紧接着提出一个问题：“这样的城市还需要国会和政府吗？”

布吕姆作为社会专家准确表达了老联邦德国的政治见解。国家的首要任务是尽可能平均分配财富。不足者多得，已有者保持。除此还有其他吗？

布吕姆的党友沃尔夫冈·朔伊布勒在同一场辩论中说道：“事关德国！”为此他还受到几个人的强烈抨击。这样的话同他的整个发言一样“内容空洞，感情做作”。真的事关德国吗？这样的表达让德国的中年人感到诧异。这样的口吻被认为是罔顾历史。内政部部长朔伊布勒或许无意，但他确实要比社会政治家布吕姆更好地把握住了未来10年的时代精神。

今天确实是又一次事关德国，即便是以一种不同于125年前的方式。今天的德国拥有什么样的历史地位，面临什么样的危险，在依然不确定的未来扮演什么样的角色等问题必须要成为民主讨论的议题。没有什么是理所当然的。德国的问题再次成为一个开放的问题，却不再关乎国家，而是涉及意义。已经有人渐渐意识到，我们在过去50年中创立的各种结构不会永远不变。那么在未来，我们想要过什么样的生活?

或许在这样的德国身后隐藏着某种诱人的思想，足以让世界其他地方的人来到德国，创造自己的幸福，并且用他们的才能丰富我们这些本地人。或者还是让这些人再次“待在外面”？国会大厦奠基之时，我们的祖先还生活在波兰。他们那时就已经知道，德国什么样的未来才富有吸引力。他们只想成为“真正”的德国人。今天是什么状况？德国是否引人向往？还是起决定性作用的真的只是某些人认为的富裕水平?

在1991年6月20日的投票表决中，柏林国会大厦大楼仅以18票的多数票成为联邦德国议会所在地。这很好地代表了处在历史和未来之间的开放德国。毫无疑问，这是一座专制时代的豪华建筑。但是今天很多其他欧洲国家的民主政治家不也同样安坐在封建时期和帝国时期的建筑里面吗？历史的痕迹不可能如此轻易地被抹去。但又为什么一定要这么做?

无论如何保罗·瓦洛特设计的国会大厦都算不上是普鲁士和德意志帝国的代表建筑。代表建筑另有所属。首先是柏林城堡，或是柏林大教堂，威廉二世曾想称其为“圣彼得新教大教堂”，再或者是威廉皇帝纪念教堂，具有德国中世纪风格，是霍亨索伦家族盛大家族聚会的理想地点。因此它又被当时的民众称为“西方洗礼屋”。

相反，国会大厦曾被威廉二世称为“无品位建筑中的巅峰之作”，并将其功能比为“扯皮小屋”或者“帝国猴屋”。然而这已算是溢美之词。威廉二世钟爱有加的柏林大教堂与国会大厦太过相像而不能代表一种全新的风格。总体来讲，年轻的皇帝还是善意地陪伴国会大厦到1894年12月5日竣工。

与今天许多人的想法不同，这个建筑对于当时的掌权者来说并没有那么重要。当时议会的地位同今天欧洲议会的地位近乎相同——无人问津。政治之音在别处奏起。

现在联邦德国议会已搬入曾经的国会大厦。但国会大厦已今非昔比。用建筑术语来说的话，这个建筑已经被“去核”。它的身体被植入了另一颗心脏。最初的国会大厦依靠从法国勒索的战争赔款而修建起来，这次却由英国天才建筑师诺曼·福斯特操刀“移植手术”。

在专业人士看来，这无非是一项“翻新”工作，最终的结果却不亚于是在旧的建筑里建造一座全新的建筑。光线充沛的议会厅有三层楼高，顶部是一个令人惊艳的可供行走的玻璃穹顶。被3000平方米玻璃包裹的钢结构成了柏林新地标。同时，它也是一个独具匠心的生态能源设计的组成部分。凭借这个设计，福斯特成功使一座安装了空调器的大楼与同等建筑相比，每年的二氧化碳排放量只有后者的1/10。

但大家不要被建筑外观蒙蔽。这座1894年完工的建筑已是一个新旧混合体。建筑正面宏伟异常，参照文艺复兴和巴洛克时期的建筑风格。但在建筑里面隐藏的却是集中供暖、电风扇、双层玻璃窗、独立通信系统和配备持续不断温水的完美盥洗室。虽然建造者的品位要对历史负责，但他们也不愿将未来拒之门外。

00:32

领航员必须下船

俾斯麦应皇帝威廉二世的要求辞职

1890 年 3 月 18 日的一分钟

柏林政府区漆黑一片。汽灯将威廉大街一带浸入一片模糊的灯光中。帝国首相奥托·冯·俾斯麦端坐在书桌前，用黑色的墨水在重磅纸上书写。

> 柏林，1890 年 3 月 18 日
>
> 我的皇帝和国王陛下：

这个留着白色大髯须的高大男人喝下一口烧酒。民众称他为“铁血宰相”。此外，他也是个豪饮之人。几年之前，他作为东道主在柏林国会负责招待欧洲政要。每天早上，他都要喝上“两到三大啤酒杯最烈的波尔图葡萄酒”。他后来承认道：“这是为了让血液真正沸腾起来。”午饭时刻，他习惯性地喝上两瓶香槟。烧酒是他晚上的最爱，可以让他安静下来。

> 据臣数周来的印象，请允许微臣心怀敬畏，以请辞书来满足陛下之愿。

俾斯麦又倒上烧酒，一饮而尽。之后他抽起雪茄。为什么要他走？他完全不能理解。难道不是他实现了德国人国家统一的梦想吗？和平的实现难道不要感谢他建立的联盟体系吗？难道不是他告诫那些天主教徒和社民党人要循规蹈矩吗？

若不是微臣有感于陛下欲借先皇忠仆之材一用，微臣将于经年之前就已呈文请辞。

这个乳臭未干的家伙！戴皇冠的毛躁小子！皇帝在三天之前命人把俾斯麦从床上叫起，为了当面训斥他无权与中央党党首会面；为了指责他同俄国签订的再保险条约；为了宣布针对社会主义者的法律是多此一举。这个不知天高地厚的家伙！

当微臣确信陛下已无须微臣侍奉左右之后，臣请陛下准许微臣归隐。

自 1848 年大革命失败起，就有一批人盼望实现民主的新机遇。他们中的很多人在 19 世纪的整个 70 年代和 80 年代前半段都在等候皇帝威廉一世亡故。威廉一世之子弗里德里希承载着改革的希望。很多人认为改革如果不能“自下而上”，那至少必须是“自上而下”的。弗里德里希娶了一位英国女子为妻，被视为思想进步之人。

弗里德里希一旦上台，首先也肯定会罢免俾斯麦。俾斯麦作为保守人士早在三月革命之时就将君主制作为唯一可能的国家形式而加以捍卫，严厉拒绝了任何值得一提的民众参与统治的形式。作为易北河东部大地主式的贵族，俾斯麦同死敌——天主教中央党和工人运动陷入了持久的权力争斗，结果却只是让天主教中央党和社会民主党人日益获得认可。作为首相和外长，俾斯麦意图通过一系列复杂秘密条约来确保和平。这些条约间的复杂关系除了他没有人能够看透。

然而，现实并不遂人愿。俾斯麦虽然到了一定时候一定会离开，但是填补权力真空的却不是弗里德里希，而是其子威廉。1888 年，皇帝威廉一世在他 91 岁生日的前几天去世。但弗里德里希当时也已病入膏肓，只在位 99 天。同年，弗里德里希之子，当时年仅 29 岁的威廉继承皇位。后来这一年也被人称为“三

俾斯麦

皇之年”。这位年轻男人并没有为缅怀父亲而掉一滴眼泪。是的，他甚至没有参加悼念游行。他极为鄙视父亲的自由思想。

但是年轻的威廉也将俾斯麦视为眼中钉。原因与其说是政治设想不同，倒不如说是这位君主眼红于俾斯麦所拥有的权力。早在1888年8月威廉就曾表示："再让这个老家伙待六个月，然后就是我一人执掌大权。"最后威廉用了将近两年时间才将俾斯麦从位子上排挤下去。1890年3月15日早上，两人进行了一场激烈谈话。之后，威廉明确要求俾斯麦辞职。"领航员"必须"下船"，英文漫画杂志《笨拙》上文字部分的德语译文这样描述道。

俾斯麦20年的帝国首相和30年的普鲁士宰相生涯就此结束。实际上，俾斯麦一直都是政府这艘大船的领航员，皇帝威廉一世和其他德国诸侯都给予了充分自由。铁血宰相就这样留给继任者莱奥·冯·卡普里维一个"俾斯麦体系"。这个体系没有俾斯麦完全无法运转。

甚至连帝国宪法也是俾斯麦按照自己的设想起草的，从而使其能够与自己的政治风格相匹配。人们刚刚建造了一座壮丽的议会建筑，并且按照建筑师保罗·瓦洛特的设想，建筑上应该刻上"为了德意志人民"的铭文。这一设想实际上直到1916年才实现。此外，议会建筑的穹顶会超过柏林皇宫的穹顶高度。即便如此，真正的权力中心却是联邦参议院。

在联邦参议院，各德意志诸侯完全按照俾斯麦的偏好，在严格保密的会议上碰面，做出所有重要决定。普鲁士作为拥有最强军力的最大联邦州在这里扮演主导角色。相反，帝国议会的各党派却不得不局限于公开辩论，偶尔能够在这儿或那儿获得一些让步。议会的官方职能并无太大价值。

俾斯麦重视的是让首相一职在联邦参议院、帝国议会和皇位这一权力三角中都发挥核心作用。帝国首相并非国家元首，也不具备现代意义上制定路线方针的职能，只有具备天赋的战术家和强硬的权力政治家才能在这个职位上获得成功。

这种模糊关系对于俾斯麦来说再合适不过。他总能通过不断挑唆一方同另一方的争斗而从中渔利。然而，对于他的继任者来说，这些关系却是沉重的负担。莱奥·冯·卡普里维希望能够建设性利用年轻皇帝的权力诉求，赢得他对政治改革议程的支持。

性格平和的前将军莱奥·冯·卡普里维生活作风低调。他希望能够在德国公平调停地区间、社会上和各教派间的矛盾。这符合他的基督教信仰。作为新教教徒，他积极与天主教中央党接近并很快赢得其信任。他也希望能够逐步将工人运动和社会民主党也团结进来。毕竟还有一个基督教工人运动，它的其中一个卓越领袖是天主教教徒阿道夫·科尔平。对于这个工人运动来讲重要的是要切实改善生活条件，而不是进行受意识形态操纵的国家改革。卡普里维也希望通过更多实用主义，较少的改革来赢得社会主义人士。

卡普里维认为解决社会问题的关键在于发展经济。这将使所有人都能够在更大的范围里过上富裕生活。但前提条件是要消除贸易壁垒和保护性关税，刺激出口，创建新市场。他在 1891 年 12 月 10 日的帝国议会上呼吁德国人："我们必须要出口。"

莱奥·冯·卡普里维本该意识到，此举将会使那些地区贵族与他为敌。因为这些贵族出身的大地主是贸易壁垒和保护性关税的受益人。这些贵族是帝国的最大支柱之一，连俾斯麦也是其中一员。

那个渴望权力的威廉呢？"个人统治"的想法不断在威廉的脑海中浮现。不久之后，就连低调保守的卡普里维都被其视为实现这一想法的巨大障碍。因此，皇帝在俾斯麦辞职仅仅三年半之后就将另一位首相也挤下台。应该不会再有另一位继任者会有自己的政治设想了。从现在起，"威廉主义"统治一切。

00:33

阳光之地

特罗塔将军电报告知皇帝瓦特贝格之战的战果

1904年8月12日的一分钟

展现在德国人面前的是非洲西南这片陌生而又充满魅力的土地。瓦特贝格红色山岩像被锯断的树桩一样耸立在布满荆棘丛和野草的大草原上。殖民地驻防军中的年轻男人们却无心欣赏这诱人景色，他们受命在夜幕降临前全歼敌人。威廉二世不顾帝国总理、总参谋部和殖民地指挥部的反对，任命他能找到的最为强硬的家伙来领导这支部队。

这个人就是冯·特罗塔将军。他面对的敌人是赫雷罗族人。这个部落是半游牧民族，几个世纪以来以放牛为生。德国人几年前才来到这里。他们也想养牛，却要以他们的方式。在一处土地上安定下来，而不是四处迁徙，这在他们的文化当中很普遍。他们认为自己的文化高高在上。

一段时间以来，赫雷罗族人也曾进行改变。他们尝试跟德国人做交易，却缺乏经验。德国人深知如何在书面上确保自己的所有利益，赫雷罗人却不知道。终于有一天他们忍饥挨饿了。然后他们诉诸武力，用那些合法购得的德国步枪。德国人大为震惊，于是越来越多的德国士兵进驻到这个国家。14000名德国士兵面对的是35000个赫雷罗族男人以及妻儿、家畜。其中仅有5000人是拥有武装的士兵。

战役打响。德国部队的七个营包围了赫雷罗族人。士兵们用榴弹炮和机关枪持续输出火力。但在茂盛的草原上他们几乎什么也看不见，对地形也不熟悉。要是换作英国人，没有侦察员绝不会出来活动。这也表明，德国人觉得自己足够强大。

然而，一阵枪林弹雨过后，歼灭敌人的任务宣告失败。天黑后，柏林宫中的电传打字机嗒嗒嗒地响起。“哈马卡里，8 月 12 日——敌人异常顽强，灵活分布在浓密的荆棘从中。尽管如此，他们元气大伤，”特罗塔将军向皇帝报告，“敌军已被击溃，撤退途中四散而逃，主力部队向东移动，我将封锁他们的撤退路线。”

皇帝威廉二世想为德国子民寻找一块“阳光之地”。皇帝卫队中的一名军官，也就是后来的帝国总理伯恩哈德·冯·比洛，于 1897 年宣布这一计划。与其他欧洲大国英国、法国或是西班牙相比，德国深感“来得太晚”。现在必须要尽快摆脱这种落后局面。

工业蒸蒸日上，尤其得益于大规模军备计划。这使德国的欧洲邻居们日益感到紧张，其中主要是英国和法国。但无论如何，德国都需要获得海外殖民地。这是民众中那些民族思想膨胀的人几十年来一直期盼的东西，因为拥有殖民地的国家才是真正的强国。

统一德国的宰相奥托·冯·俾斯麦几乎始终都反对殖民地政策。对他来说，跟欧洲各国保持实力均衡已经足够复杂，他认为，或者深知，这些欧洲国家面对日益强大的德国疑心重重。在他看来，为了一些经济上的利益，远征其他国家，去跟英国、法国、荷兰、葡萄牙、西班牙等竞争只会让一切变得更加困难，更会严重危及和平。出于策略考虑，而不是道德顾虑，德国在殖民地时代克制多年。

即便是俾斯麦也不能完全置身事外。19 世纪七八十年代，德国民众开始疯狂沉湎于一股不可思议的“殖民地热潮”，相继出现了“非洲协会”“德国殖民地联合会”和“德国殖民地学会”。最开始，海外扩张只是个人行为，后来威廉二世把殖民地政策变成了一种形象工程。此前在英国的发展历程也是如此，私人贸易公司某天突然被置于国家保护之下，直至最终完全隶属于政府。

1884 年，不来梅商人阿道夫·吕德里茨也“获得”了非洲西南沿海的一些土地。一个部落酋长在说服、威胁和酒精作用下，在一份德国人拟定的合同上签上了代表自己的符号。是否能够以文化迥异为由将这笔交易算作合法“获得”，对此大家争议很大。尤其是这些部落酋长经常不顾部落中其他成员的死活而私

特罗塔将军

自做决定。但至少帝国首相俾斯麦相信这是合法交易，他把当时被德国商人称之为“吕德里茨海湾”的地产置于帝国的保护之下。

1893年12月，特奥多尔·洛伊特维因少校被皇帝威廉二世派到西南非洲。他去的时候还只是作为特派员，但是五年后就被任命为德属西南殖民地总督。此举表明，威廉把非洲西南以及其他非洲和亚洲的殖民地视为德国领土，把那里的原住民看作皇帝陛下的臣民。

1900年左右，约2500个德国移民在非洲西南定居。这里也成了唯一一个真正有德国人聚居的殖民地。来这里的不仅有大投资商，很多人是德国新工业社会的失败者，试图在这里寻找新的机会。帝国政府也大肆宣传非洲是除美洲之外的另一个移民选择。这样，德国虽然流失了人口，但国家资产却并未受到损失。

然而从一开始就很麻烦的是，想要从事畜牧业的德国移民与原住民构成了直接竞争。圈地牧场主和那些赶着牲畜从一个牧场到另一个牧场的游牧民再也无法长期和谐相处。人与人之间不再合作共存，而是排挤竞争。

除此之外还有文化上的差异。德国文化建立在对上级的严格服从和男尊女卑之上。当地赫雷罗族的社会文化则与此完全不同。对游牧民族来说，每只手、每个声音都很重要。

一个德国移民在家书中震惊地写道：“不仅男人，很多情况下连女人甚至佣人都可以发表自己的意见。在这里没有人真正感到自己是下人，没有人学着去服从。”相反，德国人在战时有一套严格得多的道德规范。日内瓦协定规定不能对非洲人民宣战，备受争议的特罗塔将军曾这样为他的方法辩护。最终，如这位将军所说，部落之间发动了战争，导致对方部落灭绝。

事实上，1904年1月12日，赫雷罗族人对德国殖民统治者的反抗也相当残忍。赫雷罗族战士袭击了牧场主和居民点，杀害了120多人。女人和小孩幸免于难，但一家之主大多是在他们孩子眼前被残忍杀害。这导致了德国国内对赫雷罗族人的仇恨，尤其是当那些被杀害的德国人是新移民时，他们跟那些游牧民一样，手无寸铁，忍饥挨饿，要为生存而斗争。

瓦特贝格战役阵亡将士纪念碑

但是根本的冲突却是德国人自己带去的。他们不愿平等对待当地部落，不愿开展和平贸易，不愿互相学习，只想把这片土地占为己有。他们依仗自己现代化军队的实力自视为这里的新主人。

皇帝威廉二世要求特罗塔将军尽快解决暴动的赫雷罗族人，但这事情却并没有那么容易。将军在电报中极力掩饰包围和灭绝行动的失败。赫雷罗族人成功撤退，却退到了奥玛海凯沙漠。上千人渴死在那里。

00:34

萨拉热窝火药桶

奥地利皇储弗朗茨·斐迪南大公夫妇遇刺身亡

1914 年 6 月 28 日的一分钟

六辆黑色汽车组成的车队驶向萨拉热窝城内。街道被看热闹的人围住。第二辆敞篷汽车的后座上坐着弗朗茨·斐迪南大公和妻子索菲。他们刚参加完军事演习，参观了一家烟草厂，现在正在前往市政厅的路上。安保措施很松散，只有 40 名警察守护这一路段。波斯尼亚是奥匈帝国的一部分。对奥地利皇位继承人来说，在哈布斯堡帝国最偏远的角落进行这样的访问很平常。

但在巴尔干半岛没有所谓的正常，在波斯尼亚更是如此。塞尔维亚民族主义者认为奥匈帝国的统治不合法，认为波斯尼亚应该属于塞尔维亚。他们从中世纪找到支持这一观点的论据。其中一些人只是在贝尔格莱德报上发表言辞犀利的社论，另一些人想要开展武装斗争。于是，他们联合组成恐怖组织。

皇储弗朗茨·斐迪南大公不知道在去往市政厅的道路上等待他的是两个炸弹投手和三个狙击手。但是位于贝尔格莱德的塞尔维亚政府清楚这一点，他们也处境尴尬。如果刺杀成功，就意味着战争。塞尔维亚驻维也纳大使已经隐晦地警告过一个奥地利部长，但后者没有把警告放在心上，也没有再告知他人。

现在是 10 点钟。车队经过了第一个炸弹投手。他什么也没有做，因为他没能辨认出皇储乘坐的那辆车。几分钟之后第二个投手抛出了炸弹。司机看到这一幕加大油门。弗朗茨·斐迪南大公用手臂挡开炸弹。炸弹越过掀开的车顶篷向后飞去，在后面的车前炸开，有人因此受伤。

皇储参观了市政厅。他非常生气。“来到萨拉热窝，还要被人扔炸弹！”他打断了正在致欢迎辞的市长。弗朗茨·斐迪南大公并未察觉到那三个狙击手。

斐迪南大公遇刺

他坐车经过这三个人身边，但是没有一个人开枪。车开得太快了，三个人力不能及。接下来，皇储要去慰问野战医院里的伤员。但是现在力不能及的是司机了。他把车转弯开到了早前规划好的路线上才意识到自己的错误，他停住车，想掉转车头，不想正好停在19岁的加夫里若·普林西普面前，他就是第三个狙击手。普林西普开了两枪，一枪打中弗朗茨·斐迪南大公，一枪打中他的妻子。夫妇二人双双毙命。

奥地利皇储弗朗茨·斐迪南大公有让自己不受欢迎的本领。他先是娶了一位与自己家族门不当户不对的妻子。索菲·霍泰克女伯爵虽然也出身于捷克一个古老贵族之家，但对皇室哈布斯堡家族来说仅仅是贵族还不够。一桩门当户对的婚姻，对方必须是欧洲上层贵族。面对亲戚们，生性执拗的弗朗茨·斐迪南大公最终力排众议。代价却是他日后虽贵为皇帝，却必须声明，他的婚生子女无权继承王位。

就连在政治上，弗朗茨·斐迪南大公也没有什么拥护者。他没有正式担任政府官职，但是对皇帝叔叔弗朗茨·约瑟夫一世的政策有巨大影响。单单是他纠集一众难以捉摸的亲信参谋到美泉宫一事就给他带来了诸多质疑。此外，他还致力于改革哈布斯堡王朝的国家宪法，想要重新理清奥匈帝国民族混杂的局面。但在一个民族虚荣心至上的时代，这是一件十分棘手的事情。

除此之外，塞尔维亚企图称霸巴尔干半岛，尽可能多地拉拢邻国，包括波斯尼亚、克罗地亚以及达尔马提亚，建立一个在塞尔维亚国王领导下的多民族国家。弗朗茨·斐迪南大公的计划则妨碍这一熊熊野心的实现。塞尔维亚民族主义者怀着对奥匈帝国的疯狂仇恨加入名为“黑手党”或“波斯尼亚青年”的地下组织。维也纳媒体的对策是挑起对塞尔维亚人的仇恨。“塞尔维亚必死”成为当时维也纳环形大道上各个咖啡厅的流行语。

就连中学生加夫里若·普林西普也是亲塞尔维亚组织“波斯尼亚青年”的成员之一。1914年春，当他在一份维也纳报纸上读到弗朗茨·斐迪南大公出访的消息时，就决定要刺杀他。媒体公布了皇位继承人详细的行车路线。位于维也纳的奥地利政府丝毫不觉得其中存在什么安全问题。他们只是希望能够吸引尽可能多的人来围观，借此表明波斯尼亚人民是支持奥地利政府的。

塞尔维亚秘密组织的一名成员在贝尔格莱德的一个公园中教会了年轻的普林西普怎样使用手枪。接下来到了 5 月 27 日，他交给普林西普四把装了子弹的手枪和四枚炸弹。这些武器都属于塞尔维亚政府。在刺杀前不久，一些支持者开始觉得这件事太过困难了。但是普林西普狂热地坚持着计划，并极力劝说同谋们坚持下去。

萨拉热窝刺杀事件作为“一战”的导火索被载入史册。但它却不是战争的真正起因，甚至算不上是直接诱因，只能算是一串连锁反应的开端。几天后这串连锁反应的最终结果是一些欧洲大国筹备许久，并早就认为无法避免的大战。

德意志帝国也是如此。很多人甚至期待战争的到来，他们将其称为一场必要的“荡涤污垢的雷雨”。这个国家在过去几个世纪发生了翻天覆地的变化。少数大学生看似无害的旗帜挥动变成了脆弱的民族自尊。这种民族自尊的象征和咒语实际上已侵入社会生活的方方面面。

欧洲其他国家也并没有本质上的不同。在各个地方，“民族”都超越一切。民族是绝对的，是超验的，是不可寻根究底的，就像中世纪的基督教教会。这些欧洲人越抬高自己的民族，就越不信任其他民族。

同时科技进步也体现在军备产业中。那些武器的效应在几十年前是无法想象的。人们突然拥有了飞机、蒸汽轮船、坦克、重型大炮以及化学作战武器。有了这些化学武器，人们可以在战场上释放毒气，杀死敌人。如此一来，欧洲人个个武装到牙齿，伺机而动，就像西部片决斗中的两个对手一样，都在等待对方先动。

1905 年以来，普鲁士德意志总参谋部就在谋划着两个战线上的战争。西边对阵英国和法国，东边对阵俄罗斯。普鲁士一方面为德国迅速发展成为经济强国感到自豪，另一方面由于主观臆想在国际上没有受到尊重而备感侮辱，普鲁士德意志帝国感到四面受敌。但他们倔强地告诉自己：现在才是时候！

奥匈帝国是德意志帝国唯一可能的盟友。那些身处柏林的德国将军本该清楚，即便同维也纳结成轴心国，他们也没有强大到能在几周内就战胜其他欧洲国家。雷雨将演变为气候灾难。

但这种民族情感已经含有宗教意味。理智权衡已然不起作用。有柏林方面为其撑腰，维也纳毫不留情地对待贝尔格莱德。奥地利人给塞尔维亚人下达最后通牒，塞尔维亚人却只能满足部分要求。这便落下口实。最终，奥地利对塞尔维亚宣战。

欧洲当时是一张由各种联盟体系和秘密协定编制而成的网。总是一国对抗另一国，总是为了“民族利益”。于是在1914年8月，每个国家都把另一个国家卷入战争中。根据阿尔弗雷德·冯·施里芬伯爵的作战方案，德国部队在西边打一场闪电战，战胜后立即转向东边，这种作战方案经证明是自大的最高统帅的幻想。仅仅几天，德国就停住了胜利进军的脚步。然后便开始了长达四年之久的残酷阵地战。

战争结果：全欧和北美死亡1500万人，伤者达2000万人。借此解决的问题数量：0。

00:35

“新生万岁！德意志共和国万岁！”

社会民主党人菲利普·谢德曼宣告新国家诞生

1918年11月9日的一分钟

他们催促他、规劝他。国会议员、社民党副主席、几天前还兼任国务秘书的菲利普·谢德曼仍引咎辞职。他穿着三件式西装疲倦地与弗里德里希·艾伯特和其他党内朋友坐在国会大厦的宴会厅，又累又饿。德国在四年战争中被消耗殆尽，最后还是输掉战争。即便是高级政客也只有一盘淡得像水的汤，谁也吃不饱。

“菲利普！”冲进宴会厅的工人和士兵叫道，“你必须从这儿出去，发表讲话！”

这个留着八字胡，半谢顶的瘦高男人打手势拒绝。

“谢德曼，请您跟我们出去！外面站着成千上万要求您演讲的人！”

这位议员失神地盯着面前的汤盘。

“李卜克内西马上会在宫殿阳台上发表演说。”一个人激动地大声喊道。

“那就由他去吧……”谢德曼喃喃自语道。

但他马上就让步了。他是人民中的一员，人民需要他。他穿过大厅走向阅览室。这其实是一个兵营。国会大厦前，大楼里到处都是士兵，很多都身负武装。大家嚷作一团。国家秩序已然崩溃。突然，谢德曼明白了其中的联系。卡尔·李卜克内西是德国共产党领袖，要在皇宫宣告苏维埃共和国成立！群众在皇宫和国会间跑来跑去。他们想知道民主党人会做何反应。

这时菲利普·谢德曼一阵愤怒，脑子高速运转。让德国落入俄国人的手里？落入布尔什维克主义者手里？不，不，还是不！经历了这么多艰难困苦不能再这么愚蠢！不能出现像苏联那样恐怖的专制！他终于站到窗前。成千上万的人

菲利浦·谢德曼

正伸出双臂，挥动着各式帽子。这时安静下来。谢德曼用响亮沉稳的声音说：

> 工人们，战士们！不幸的战争已经结束。杀戮已成过去。战争导致的贫穷和苦难还会持续多年。皇帝退位。他和他的朋友们也消失不见。人民在整条战线上战胜了他们。马克斯·冯·巴登亲王把帝国首相的职位交给了艾伯特议员。闻所未闻的事发生了。伟大而又不可预知的工作在等着我们。一切都是为了人民。一切都要通过人民。大家团结起来，忠诚尽责！旧的腐朽之物连同君主制度都已瓦解。新生万岁！德意志民主共和国万岁！

发生在柏林11月这混乱一天的事有特殊的象征意义。一切决定都在两个极点之间做出。其中一极是位于历史中心东边的城市皇宫。这里几个世纪以来都是普鲁士的决策中心。现在，在德国军事失利之后，帝国首相马克斯·冯·巴登亲王擅自宣布威廉皇帝退位。威廉皇帝的贵族阴谋集团早已溜之大吉。

君主得知这个令人震惊的消息时正在阿登山地区的疗养地斯帕，这里是战时德国总部所在地。这位君主再也不用回柏林了。他获得荷兰的政治避难，于11月28日流亡荷兰，他自己起草了一份退位诏书。

卡尔·李卜克内西和同志们现在自称为“共产党人”。他们取代皇帝入驻皇宫。这位工人运动极端左翼领袖从一个阳台向大家宣告德国成为苏维埃共和国。卡尔·李卜克内西和同志们计划学习俄国并要以其新的铁腕领袖弗拉基米尔·伊里奇·列宁为榜样，建立“无产阶级专政”。

这一天的另一极是位于西边的国会大楼。正在这里开会的议会向来没有太大权力。但是有坚定信念的民主党人，主要是社会民主党、天主教中央党和自由党，他们在这里讨论，做出决议，尽其所能，希望至少能对政治路线进行些许修正。现在有一项任务落到了在选举中最受拥护的政党——社会民主党身上，他们要为所有民主人士发声。因此菲利普·谢德曼早于对手卡尔·李卜克内西宣告一个民主共和国的诞生，这个国家的职责是“和平、工作和面包”。

东边的城市皇宫和西边的议会之间有一条笔直的通道连接：菩提树下大街。在这条林荫大道奔走的群众中有返乡的战士、工人以及被谢德曼在演讲中排除在外的公民们。谁将成为新的执政者？共产党人还是民主党人？一切都还悬而未决。

不管怎么说，两极地理格局都是协调的。西边代表民主。法国、英国和美利坚合众国发展出了人民主权，并不断将其发扬光大。就连比利时、荷兰和瑞士也是进步的民主国家。与此相反，俄国这一东方大国却代表民主的对立面。谢德曼在1924年的讲话中称，1917年的十月革命带来的结果是“沙皇恐怖统治被布尔什维克恐怖统治所代替”。几十年之后，苏维埃体系建立起一个强有力的国家联盟，被大家简单称为“东方阵营”。

稍晚些时候的1920年3月，第三个团体也提出了掌权要求。瓦尔特·冯·吕特维茨男爵将军带领所谓的志愿军进攻并占领柏林政府。之前选出的政府逃往斯图加特。吕特维茨将军领导的志愿军任命已经退休的前普鲁士地区主席沃尔夫冈·卡普为帝国首相。但之后的工人大罢工迅速使这场政变无疾而终。接下来，极端民族主义者提出了他们的要求。他们与阿道夫·希特勒的国家社会主义工人党是兄弟党派，后者谋划以慕尼黑为中心建立专制政权。

但是，这算是第三个极点吗？共产党人时至今日还喜欢称自己为“反法西斯主义者”，想以此表明自己同其他民主之敌完全对立。共产党人和法西斯主义者在一些方面确实差异很大，并且主要是对国家的看法不同。作为共产党人思想来源的卡尔·马克思曾经说过：“工人阶级是跨国的，他们没有祖国。”相应地，共产党人的目标是工人的“国际大团结”。而对法西斯主义者来说则是“血缘和土地”，人种和地区出身才是将人类维系在一起的黏合剂。

但同时将两者（共产党人和法西斯主义者）同民主人士区别开来的是前者的公开愿望，即鉴于所受到的暴力威胁，有必要将所有德国人纳入一个大的国家共同体中。“个体一无是处，群体决定一切！”对于约瑟夫·戈培尔这句话，所有共产党人也会赞同，即便是出于不同的原因。

有一些现代政治理论家有很好的理由把“左翼”和“右翼”的极端对立视

为一种视觉欺骗。他们认为，两个极端中的其中一个是中央操控，步调一致的专制大众社会，另一个则是自由、多元、由自己负责的个体松散组成的共同体。其实归根究底，他们体现的是古代城邦斯巴达和雅典所代表的两种政治模型。

1918 年德国人必须要在东方的斯巴达和西方的雅典之间做出选择。人们摇摆不定。雅典派首先获得承认足可以称得上是一个奇迹。“魏玛共和国”拥有了德国第一部民主宪法。这部宪法 1919 年 8 月 11 日生效。雅典派在“黑、红、金国旗”下团结到一起。1931 年他们称自己为“与纳粹万字符和苏维埃星做斗争的超党派民主保护组织”。社会民主党人、天主教中央党人和自由党人在此为维护谢德曼宣告成立的共和国而共同努力。

但斯巴达派更激进，更无所顾虑，最终也更成功。纳粹和共产党人彼此争斗，同时又对民主步步进逼。1933 年魏玛共和国走到了终点。直到 1989 年，所有德国人才重新迎回民主。

00:36

“必须把他们扔给猛兽吃”

罗莎·卢森堡被军事组织成员杀害

1919年1月15日的一分钟

伊甸园酒店是柏林“新西部”最奢华的区域。以选帝侯大街为中心的那片区域，富裕市民30多年来在这里几乎创造出一个新的市中心。这里位于老市中心旁边，远离城市东部不断扩张的工人区，那里满是出租屋，一幅贫苦景象。这里紧邻动物园，矗立着一座由贝壳灰建造而成的新巴洛克式豪华建筑，里面有200多张床位和一个让人过目难忘的屋顶花园。但在1月的湿冷天气中，出入这里的不再是电影女星玛琳·黛德丽或是小说作家海因里希·曼，而是士兵。

自从遍布柏林的内战式骚乱出现以来，这间豪华酒店就被用作自卫民团总部。由前线退伍战士组成的各个部队经魏玛政府许可来到首都柏林镇压“布尔什维克主义者”的暴动——外界这样称呼工人运动支持者中的极端分子。伊甸园酒店里的士兵们都怀着一种胜利者的心情。因为他们在威尔默斯多夫的一幢出租房中发现并逮捕了两个政治积极分子：罗莎·卢森堡和卡尔·李卜克内西。他们被视为暴动头目。

罗莎·卢森堡多年来都是社会民主党人，几周前同卡尔·李卜克内西共同组建了“德国共产党”。她在酒店房间接受讯问。一个酒店女服务员亲眼看见这位身有残疾且因病体弱的女性在经受猛烈殴打后倒地不起。

夜幕降临后，受伤的罗莎·卢森堡被押走，同时士兵们报告了上级部门。酒店侧门停了一辆汽车，但这位女政治家走到车前时已神志不清。车门暗中等候着一个名叫奥托·朗格的战士，他用枪托把罗莎·卢森堡打倒在地。在汽车行进中，少尉赫尔曼·苏雄在后座上把枪对准罗莎·卢森堡的太阳穴，扣动扳机。

罗莎·卢森堡

几分钟之后，车在一个黑暗角落停下。士兵把罗莎·卢森堡的尸体抛进护城河中。

1 月 15 日是罗莎·卢森堡和卡尔·李卜克内西的忌日。每年此时都有成百上千人来到两位政治家位于柏林市东弗里德里希·菲尔德公园的墓地。这些人中既有个别同情者，也有一些是政治团体成员，他们认为自己同社会主义思想有千丝万缕的联系。当然，其中一定也有很多人是来缅怀原民主德国社会主义制度的。即便如此，仅仅把罗莎·卢森堡看作船头雕塑般的老顽固而不加以重视却也未免过于简单。她个人似乎散发出一种持久的魅力，一直投射到社会中心。而这种赞赏又源出何处呢？

可能的原因是罗莎·卢森堡的惨死很容易被神化为某种思想的灭亡，但原因不止如此。20 世纪由于世界观不同而引发的冲突造成了数百万人的伤亡。他们中只有极少数在死后获得了某种殊荣。即使在基督教丧失影响力之后，殉教者也被视为一种身份象征，但选择范围就很大了。

假设我是一个始终对社会主义和社会民主主义环境不了解的人，看到罗莎·卢森堡的生平，我觉得明显有两点会让这位出身于波兰——犹太家庭的女政治家一直受到追捧。一点是为了信仰永不妥协。另一点是她对和平事业的热情投入。

作为一个女政治家，罗莎·卢森堡从来不愿为策略和权力政治上的好处而让步。她在世时，社会学家马克斯·韦伯把这样一种态度叫作“信念伦理”，并将其与“责任伦理”相对，“责任伦理”指的是接受世界本来的样子，以可行性为导向。俾斯麦把后者称为“现实政治”。在盎格鲁－萨克逊国家，很少有信念和责任的冲突，因为毕竟在那里实用主义被视为最高原则。

但是不管冷静的现实政治多么理性，它的拥护者都容易忽视，见风使舵恰恰是有性格缺陷的人的特质之一。为了蝇头小利背叛朋友和理想。为了一丁点权利的增加，蔑视一切曾被他们视作神圣的东西。每个人直觉上都清楚这一点并且都希望内心强大，不愿在做决定时纠结、备受折磨。这些正是那些不屈之人所拥有的并且也因此是他们的魅力所在。那些甘愿为信仰忍受挫折、牢狱之灾、严刑拷打乃至死亡的人，得到的尊重是那些极尽精明之能事的实用主义者所远不能比的。罗莎·卢森堡就是这样一个人。

罗莎·卢森堡出生于1871年，曾在波兰参加过政治活动，在苏黎世学习政治、国民经济学和哲学。她在获得德国国籍之后立即加入社会民主党，在党内迅速成为激进左派的代言人。他们严格以卡尔·马克思的《共产党宣言》为导向。罗莎·卢森堡拒绝社会民主党成为一个小步改革党，拒绝与统治精英们达成妥协。这些统治精英要么出身贵族，要么来自军方和大工业领域。

1914年8月战争爆发时，社会民主党的议会党团坚决支持德意志帝国参战，导致党内斗争进一步激化。皇帝公开宣称，这个时刻他眼里不再有党派之分，而只有德国人。社会民主党内大部分人也不想再跟皇帝产生更多不快。同志们也想做一次爱国者。

但罗莎·卢森堡却认为此时不宜开战。可能公共生活中再没有谁像她一样，从一开始就坚定地反对第一次世界大战。之后，作为关键人物，她参与组织了1916年5月1日在德举行的第一次大型反战示威游行。

为了信念，罗莎·卢森堡不得不多次入狱。她在1903年的竞选中公开指责皇帝威廉二世“不了解”德国工人的真实处境。这种言辞在当时是“大不敬”，足以对其治罪。她也确实因此服刑六周。1914年至1918年的“一战”期间，罗莎·卢森堡呼吁大家拒服兵役，她因此在一开始被判处一年监禁，很快改为两年半，最终被判处为期四年的“预防性拘留”。

到了1918年年末，战场上的屠杀结束，德国成为战败国，皇帝和德国侯爵退位，街头一片混乱。工人运动的激进分子也诉诸武力。罗莎·卢森堡和卡尔·李卜克内西的追随者不再称自己为社会民主党人，而是改称自己为“斯巴达克斯人”或者“共产党人”。“斯巴达克斯人”这一称呼源自古罗马奴隶起义领袖斯巴达克斯。

罗莎·卢森堡对于武力推翻政府的企图心存顾虑。早在关注列宁领导的俄国十月革命时她就不无疑虑，因为她从中看到专制和镇压的危险。作为提醒她说出了这句今天广为人知的话：“自由总是异见者的自由。”但作为新成立的德国共产党的领袖，卡尔·李卜克内西等人认为时机已经成熟，要以武力建立一套社会主义制度。

所谓的斯巴达克斯起义惨败。总统弗里德里希·艾伯特派德国国防军镇压起义者。对此，刚从前线归来的战士没有犹豫太久。越来越多怀有民族主义思想的军队来到柏林。起义首领不得不躲藏起来。受到政变惊吓的愤怒市民要求：“必须把他们扔给猛兽吃。”

尽管伪造了护照，罗莎·卢森堡和卡尔·李卜克内西还是在几天后被人发现。罗莎·卢森堡的尸体直到她遇害的半年之后才从护城河里被打捞上来。

00:37

“赫希菲尔德博士是公害”

性学家马格努斯·赫希菲尔德在大街上被公然打倒

1920年10月4日的一分钟

慕尼黑市区的生活一往如常。装着啤酒桶的汽车隆隆驶过石头路面，男男女女急匆匆走过人行道，走向剧院。只有大批乞丐、腿残之人和盲人提醒我们，这个城市所在的国家两年之前还处于战乱之中。自那时起，这个国家内部就已四分五裂。啤酒屋里阿道夫·希特勒正在发表他的煽动演讲，但是大街上的人们一开始对此毫不知情。

马格努斯·赫希菲尔德这个身材结实，穿着三件式深色西装的小个子男人并不急着回酒店。他慢悠悠地享受着傍晚时光。刚刚平静地结束了在音乐厅的演讲，他现在很放松。纳粹分子在音乐厅里投掷恶臭炸弹，但他已习以为常。3月在汉堡，他们就这么干过。但当时的捣乱分子被逮捕了，因为这位柏林医生有法傍身。虽然魏玛共和国有审查机关，但科学类报告并不包含在审查范围内。

这个戴着细金属框眼镜，上唇留着大胡子的男人当然知道他被人憎恨。因为他的父母是犹太人。他也因此被当作犹太人，尽管他信仰社会民主，而非上帝。还因为他公开讨论的话题在德国尚无人谈及——同性恋。仅是这个词就已经让人在家不寒而栗，但赫希菲尔德想解释，想澄清。他是性学家，他想在演讲中向大家指出，同性恋不是犯罪。

赫希菲尔德突然发现他被人跟踪。这些人不就是在大厅里扔恶臭炸弹的人吗？这时已经有一个人打上来，接着是另一个，力气更大。赫希菲尔德流血了，但是殴打并没有减轻，一下下如同子弹一样打在他身上。他们手里还拿着东西，

赫希菲尔德博士

边打边骂。没有人上前帮助，也没有警察出现。马格努斯·赫希菲尔德失去了知觉，没了呼吸。

当他们以为赫希菲尔德已经死去的时候才停下来。不知到了什么时候才有人把他送进医院。在那里，大家一开始也以为他已经死了。很快柏林就有第一批街头小报报道他的死讯，但赫希菲尔德挺了过来。他恢复后又开始工作。根本没有人追究作案人的责任。20 世纪 20 年代在巴伐利亚州，警察和司法部门早已坚定地站在国家社会主义者这边。希特勒的暴力部队在慕尼黑这个“运动首都”兴风作浪之时，他们根本不需要担心受罚，即便会，也只是象征性的处罚。

在这一特殊事件中，对很多人来说，受害人正是本来的作案人。“我不能理解，这些人不被法官传唤，”阿道夫·希特勒大声对拥护者说，“相反，检察机关还保护这些犹太猪！那么人民必须要自助，行使人民司法。”

就连左翼作家库尔特·图霍夫斯基评论这件事时也没表示太多同情。“赫希菲尔德博士的个性我们很多人也都不喜欢，”他继续写道，“庸俗的多愁善感，虚假的浪漫主义，伪学术，这些东西混合在一起令人厌恶。某个处男却把它们看作对其生命的补偿，并且成为他作品和影响力的突出特点。赫希菲尔德的教育宣传片就是如此。我们绝对不会把这个男人尊为殉教者。”

图霍夫斯基这样看其因果关系：“他被打了，因为在这些小市民愚钝的大脑中，宣传教育影片、犹太人、普鲁士人、布尔什维主义、达达主义、和平主义这些概念和没有浓啤酒纠结成一团解不开的线团。”

图霍夫斯基影射的那部“宣传教育影片”是1919年由导演理查德·奥斯瓦尔德在马格努斯·赫希菲尔德的投资下拍摄的。影片名叫《与他人不同》，讲的是著名音乐家保罗·科尔纳从前因“同性恋倾向”被学校开除的故事。在一次狂欢节化装舞会后他带一个年轻男子回家，自此被敲诈勒索。科尔纳一直在支付这笔钱。马格努斯·赫希菲尔德的演讲却给了他新的勇气。这次演讲在电影中也以少见的长度被记录下来。之后，科尔纳指控了敲诈勒索的人，但他对年轻男子的爱也因此被公之于众，受到社会的唾弃。最终他选择自杀。

图霍夫斯基所说的“伪学术”主要体现在马格努斯·赫希菲尔德自1899年以来的《中间阶段年鉴》一书中。赫希菲尔德认为，“中间阶段”就是男人和女人都具有与自己性别相反的心理和生理特征。所有人都是如此！每个个体都兼具“男性”和“女性”特点，在刻度量表上介于假设中的两个极端之间，即“完全男性”和“完全女性”。同性情感只是这两种特点混合的自然结果。一些人多一点，一些人少一点。

这样的思想在德意志帝国和魏玛共和国是精神炸药。男人必须是男人，女人必须是女人。毕竟几百年来女人都被置于男人之下。如果中间阶段是连续的，那如何来解释历史？

“赫希菲尔德博士是公害”，媒体这样报道。因为“男人之间的理想友谊”

与“我们德国人拥有的最高贵的东西”都被这个“希伯来医生”玷污了。时事评论家欧根·迪林在1898年这样说道，其中体现出的是犹太人臭名昭著如禽兽般的性贪婪，古罗马历史学家塔西佗早已对其表示过谴责。

现在又是什么情况？“现在，如果一个部长尝试拿同性恋这件事勒索绝对没有同性恋关系，甚至可能只是有同性恋倾向的政府首脑，那这个部长就必须离任”，著名的性学医师福尔克玛·席古什在新书中这样写道。每年身着鲜艳服饰的人群都会穿过共和国的大都市，庆祝性别多元文化的狂欢节。同欧盟几乎所有地方一样，即使那些人的外部性别特征相近，德国婚姻登记官也会允许他们结为伴侣。

我们难道就此走到历史终点了吗？这个可能性很小。因为人们刚要开始把自己定义为“男同性恋”或者“女同性恋”，就有迹象指向其他社会变革了。福尔克玛·席古什说道：“由于以前没有其他概念范畴可以使用而被归为异性恋、同性恋或性反常行为的情感方式要走出禁区，变得多元化”。也就是说：未来什么是正常的，还未可知。

本着“同性恋”解放的精神，好心的社会教育家想让15岁的少年“出柜”也变得容易一些。但很少有人会问，他们是否真的能够那么早就确定“出柜”后想要的社会位置。毕竟会有一种微妙却强大的压力使他们一旦决定便难以回头。

令人惊讶的是，研究表明，男性青少年现在比以往任何时候都更加害怕同性之间的身体接触。没有人想被打上“同性恋”的标记。究竟是什么时候开始这样的呢？又有何缘由呢？虽然赫希菲尔德的理论存在很大争议，但他无非是希望每个人在表达自己感受的时候都不该感到害怕。为此，他却被打得半死。

00:38

“您带来的是我的死讯”

外交部部长瓦尔特·拉特瑙在去往办公室途中遭枪杀

1922年6月24日的一分钟

瓦尔特·拉特瑙的房子分为两部分。12年前，他作为德国通用电气总公司创始人的儿子亲自参与设计了这幢位于格吕内瓦尔德的房子。位于国王大道65号的这栋别墅是一个三层的淡黄色立方体，带有复折式屋顶，完全对称。房子的主人偏爱1800年左右普鲁士古典主义的低调华丽。从这栋房子上人们就能一眼看出来。外墙面的所有细节和室内装潢全部由这位实业家，如今的共和国外长自己选定。只是有关静力学和手工细节方面的问题需要劳烦一位他在公司里认识的工程师来打理。

拉特瑙的别墅并不是从外观上一分为二，而是内部。二层住着内向的瓦尔特·拉特瑙。卧室和盥洗室旁是一间小书房。他在这里思考哲学、宗教和社会问题。他总是在这里读经典著作，也在这里写书，其中一些还成了畅销书。他在小会客室接待私人朋友。其中很多都是年轻而又充满干劲的小伙子。他们身上充满天真的事业心，与拉特瑙这样一个怀疑一切、苦思冥想之人完全不同。

一层住着外向活泼的瓦尔特·拉特瑙。他是企业家、政治家和赞助人。他在这层也有一间书房，但是这间书房比二层的那间要宽敞得多，书桌宽大，富丽堂皇。这里也有书，但都是收藏中的珍品，是房子陈设中实打实的稀有之物。每天上午快11点的时候司机都会开敞篷车接他去外交部。拉特瑙走出房门。他不需要跟任何人告别，因为他独自一人生活。

外交部部长坐到后座上。他有权配两个保镖，但他几乎从未这么做。司机发动汽车，沿街开向选帝侯大街。不久，另一辆车跟上来。车里坐着三个男人，个个身穿深色皮大衣，带着飞行员帽子。拉特瑙没有注意到跟踪他的人。国王大道在同伊甸园大街的交会处有一个急转弯。司机刹住车。另一辆车超了过去。一把冲锋枪开了火，一颗手榴弹爆炸了。拉特瑙的司机起先以为只是一个轮胎爆了。

“打死瓦尔特·拉特瑙，该死的犹太猪！”这句话在德国的大街小巷和啤酒屋流传。很久以后，来自基尔的 23 岁法学系学生埃尔文·科恩和来自开姆尼茨的 26 岁工程师赫尔曼·费舍尔把这句话中提出的要求付诸实践。这位政治家、实业家和作家树敌众多。

瓦尔特·拉特瑙是新生民主的最高代表之一。他是一位自由主义外交家，致力于实现德国与其欧洲邻国关系的平衡与缓和。因此那些迫不及待想要重新开战的人都恨他。民族主义者和旧君主制度的追随者都反对魏玛共和国。社会上笼罩着恐怖气氛。

科恩和费舍尔都是“领事组织”成员，这个组织尝试通过政治刺杀动摇民主。瓦尔特·拉特瑙明白自己处在何种危险之中。1922 年 1 月底，他从总统手中接过外交部部长的任命书时，就半开玩笑半心酸地说：“您带来的是我的死讯。”

瓦尔特·拉特瑙出身于一个德国犹太人家庭。因此所有人都恨他。每次人们谈到引发自己生存痛苦和存在无意义的原因时，“犹太人”总会成为最好的替罪羊。“犹太人”越富有，越成功，也就越适合作为这些人的靶子。

瓦尔特·拉特瑙过于敏感，无法抵御所有反犹情绪所造成的伤害。他父母家里没有人去犹太教堂，不仅如此，他们甚至还过圣诞节。但其实这个家庭根本没有宗教信仰。瓦尔特·拉特瑙后来为自己编造了个人专属的狂热哲学，并把它当作新宗教。即便如此他还是学习了希伯来文。在填写外交部个人档案表格时，他在宗教信仰一栏写道：“这个问题不合宪法。”事实上，魏玛共和国宪法禁止优待或歧视任何一门宗教的成员。民主人士也要对此负责。

瓦尔特·拉特瑙是成功的企业家。因此有人憎恨他。这些人认为世界上所有不完美的起因在于，“资本家”骗取了本属于工人的劳动果实。

少年时代的瓦尔特·拉特瑙最不想做的事就是循着父亲埃米尔·拉特瑙的足迹接管“通用电气公司”。作为企业家的儿子，他真正的热情所在是哲学、文学和艺术。尽管如此，他还是听从了安排，接管了企业。他大学学习了物理学、化学、机械制造和电气技术。

瓦尔特·拉特瑙

对于这个天资极高的人来说，大学学习很轻松。博士毕业论文的题目是“金属中光的吸附作用”。但父亲的公司并不是他生活的全部，而仅仅是其中一部分。他需要并且在寻找其他活动领域。1915 年埃米尔·拉特瑙卸任通用电气公司董事长一职后，菲利克斯·多伊奇接替了他。而瓦尔特·拉特瑙的头衔是“通用电气公司总经理”，拥有他的专属权力，但同时不需对企业负全责。

也不是所有人都憎恨瓦尔特·拉特瑙。对很多人来说，他是一个象征人物，在某种程度上是一个偶像。对于那些支持新民主德国的人来说，他近乎完美代表。他在国际会议上也展现出精明强干。与那些聒噪的老贵族和军官相比之下就像谚语中所说的闯进瓷器店的大象一样举止笨拙。

瓦尔特·拉特瑙小心翼翼地尝试把积怨颇深的德法两国间的距离拉得更近一些。只要拉特瑙部长出访国外，德国的声望就提升一些。1922 年 4 月 16 日，他在意大利拉巴洛与苏联签订了一份条约，条约的内容是缓解德国与东部的关系。在众多紧迫政治问题中有一个始终是个难题：德国实际上根本无法满足《凡尔赛合约》中的赔款要求。如何才能促使这一条款有所松动？

瓦尔特·拉特瑙遇害令心怀民主的公众震惊。十几万人走上街头，举行反抗恐怖，支持民主的示威游行。西方社会的各个角落，从罗马到巴黎，到伦敦再到纽约，连续几天只有这一个话题。

银行家马克斯·沃伯格在惨案发生这一天写给兄弟的信中说道：

> 刺杀太可怕，可耻，可怜。向我几个月前才认识的，拉特瑙依恋的老母亲表示沉痛的哀悼，为她的儿子感到自豪。可怕是因为拉特瑙心无旁骛地为改善祖国的晦暗前景贡献了全部力量，而他却在这个时候被杀害。可耻，刺杀揭露了德国社会道德的沦丧。人们又感受到了雷雨将至的气氛……

这种气氛还将持续 10 年。那时费舍尔和科恩这样的男人穿的不再是皮大衣而是制服。再过一个 10 年，他们杀死的不是个别人，而是几百万人。

00:39

“德国人民的致命疾病”

国家社会主义者在柏林焚烧了威廉·福斯特的著作和上千本其他书籍

1933年5月10日的一分钟

最重要的是图像和声音。新闻工作者的闪光灯把夜色中被雨淋湿的剧院广场笼罩在一片耀眼的光中。到处都是麦克风。宣传部部长约瑟夫·戈培尔给策划这次活动的大学生和教授做了最详细的指示。23点到24点之间德国广播电台将接通所有书籍焚烧现场。柏林这个城市对纳粹来说是文学堕落和道德沦丧的马蜂窝。今晚它会同汉堡、慕尼黑、波恩和维尔茨堡一起被报道。在每场电影放映之前都会播送的主要新闻“德国一周要闻”中据说会看到一个令人充满敬畏的仪式。只有位于菩提树下大街另一侧的洪堡兄弟雕像在这一晚处于半明半暗之中。

几天来大学生们都在从图书馆向外运书。这些作品都在一份由一个29岁图书管理员编写的“黑名单”上。他们认为，这些书源于“非德意志”精神，并且与“具有人民意识的思想和情感”背道而驰。德国图书交易协会公布了这个名单，要求书商做出筛选。单单是在柏林就汇集了约500吨重的书籍，几辆满载的货车在火把队伍的陪同下列成长队，绕了一大圈才从大学到了剧院广场。火把队伍中有学生、教授和身着制服的冲锋队队员。几万人聚在大街上，大声欢呼，鼓掌。

大雨如注。用于焚烧不受欢迎作家书籍的木柴垛早上就在剧院广场上被搭建起来，现在却由于潮湿，无法点燃。但是消防员上前，浇满汽油，点燃木柴，制造出期待中的熊熊火焰。大学生们按照仔细规定好的舞蹈动作走到火堆边。每个人背诵一句全德统一的口号。第三个上前的是一个瘦削男孩，他走到话筒前：

弗里德里希·威廉·福斯特

反对流氓思想和政治背叛。支持为国为民献身！我要把弗里德里希·威廉·福斯特的书交给熊熊大火。

说完这句话，他把一小摞书扔进火中。

哲学家、政治评论家弗里德里希·威廉·福斯特如今已被人忘却。他没有像其他作家一样留下很著名的作品，用美国历史学家大卫·克莱·拉奇的话来说，这些作家“有幸入选”，其作品被大学生、教授、冲锋队和学生社团扔进熊熊大火。

比如，西格蒙德·弗洛伊德如今依然是很多心理治疗师的准绳。全世界有相当一部分政治家还在援引卡尔·马克思的理论。如果没有阿尔伯特·爱因斯坦，那么20世纪的物理学将无法想象。海因里希·海涅被认为是19世纪最伟大的诗人之一，同样入选教材的还有小说家海因里希·曼和托马斯·曼，他们在美国加州西部比邻太平洋的帕利塞德地区才找到一份不受国家社会主义者搅扰的工作。

埃里希·凯斯特纳没有被认出来，他亲眼看见自己的作品被烧焦，他的儿童文学作品《埃米尔擒贼记》或者《飞翔的教室》现在依然会给年轻读者带来快乐。作品要被拿到剧院广场焚烧的作家名单还远未完结。这张名单读上去就像对那个时代科学和文化精英的总结。

尽管今天不会再有人想起信奉基督的和平主义者弗里德里希·威廉·福斯特，但在当时，他是国家社会主义者的死敌之一。1933年1月底，希特勒和他的德国国家社会主义工人党及其联盟成员获得多数德国人的民主授权，以合法方式掌权，福斯特是最早被剥夺德国国籍的那批人之一。德国大学生在焚书时共判出九个所谓的“火刑”，其中就包括福斯特。

福斯特于1869年出生，是天文学家威廉·尤利乌斯·福斯特的儿子。1933年他被取消公民资格后立即离开德国，开始生活在法国，后来到了美国，人生的最后几年在苏黎世旁的科西贝格度过。他反复警告要提防国家社会主义者，最终他在《德国人民的致命疾病》这篇文章中再次发出类似警告。福斯特是这样看待与他同时代人的信仰的：他们坚信身为德国人是世上最高尚、最神圣之事。

在福斯特看来，这种德意志疾病的潜伏期从19世纪60年代就已开始。他可能也没有想到把希特勒时代称为“文明断层”或者“暴行”，这种说法在今天却很流行。因为第一，这个政权运用了最新技术，它在组织庆典和制订谋杀计划时就如同它高度现代化的工业一样高效。第二，1933年，他们有意识地承续了德国的古老传统。

因此在焚书运动中，人们有意识地采纳了1817年有民族意识的大学生社团在瓦特堡节上策划的仪式。随着1933年4月3日《十二条反非德意志精神论纲》的发表，纳粹青年团狡猾地利用了马丁·路德时期的传统。在发布当天，作为一般大学生委员会上级组织的德国大学生会在各个大学张贴论纲。自此，他们可以随意歪曲这种传统：国家社会主义也是一场学生运动、一次新的青年崇拜。青年人对骚动和颠覆的天真烂漫趣味使这场运动愈演愈烈。

弗里德里希·威廉·福斯特的警告总是针对政治负责人自有其道理。即便青年们意欲闹事，自负的教授们在讲台上用过激的言论取悦自己，但只要在政界和经济界还有思路清晰，做事审慎的决策者能够与之抗衡，事情就不会到一发不可收拾的境地。然而，过去几十年来，德国早已没有这样的人。

福斯特早在1905年就在《基督教和阶级斗争》一书中驳斥了这些观点：人们可以用仇恨和煽动宣传获得政治进步。民族主义的种族仇恨和布尔什维主义的阶级仇恨对他来说没有很大差别。“一战”时他曾试图在全部灾难到来之前让德国人接受美国总统伍德罗·威尔逊提出的和平建议。威尔逊是弗吉尼亚州一个牧师的儿子，他认为“不战而和”是可能的。为了宣传停战、和解和缔结和约，福斯特在各大礼堂演讲，最终却是徒劳。对于民族主义者来说，他嘲笑同胞们的“为国为民献身”，最终他成了“叛徒”。

此前一年，也就是1931年2月，大约有6500万德国人把票投给了德国国家社会主义工人党。福斯特在一篇文章中讲述了与国家社会主义者相左的外交计划。他写道：

德国外交政策的真正基础是什么？无疑是德国的中心位置，以及由此带来的关键又无法改变的一切。换句话说，每当德国参与到争夺权力中心的竞争中去，忘记这样的政策必定会导致德国四面受敌，并且使其进入慢性经济危机的状态。结果就是这样一个处于中心位置的民族会遭受失败。因此，德国外交政策的出发点必须是同所有邻国结盟。如果德国之前就凭借自己的中心位置而与各邻国共生并存，承担起调停东西方的角色，那么德国现在则会因本国出口工业的大发展而无比依赖于它同世界其他国家的良好关系。最终德国会为了确保自己在世界市场上的利益而希望通过政治稳定欧洲。这又必定会促使德国实行以和平为导向的外交政策。

弗里德里希·威廉·福斯特今天已被人遗忘。但与极端分子的煽动口号相反，福斯特的思想直至今日依然具有现实意义，一如1931年时那样。

00:40

如天上火球

“兴登堡”号飞艇降落美国时焚毁

1937 年 5 月 6 日的一分钟

世界上最大的飞行器晚点了。LZ 129“兴登堡”号，一艘跟传奇客轮“泰坦尼克”号差不多大的齐柏林飞艇早上 8 点就应该到达纽约莱克赫斯特机场。在这变幻无常的风暴天，大家翘首以盼。虽然从法兰克福飞越大西洋的这条航线齐柏林飞艇已经飞了有七年之久，但是这艘巨大的“兴登堡”号新型飞艇还是引起轰动。摄影机已经架好，广播记者在麦克风前就座。但他们却不得不一直等到傍晚，对于德国人声名远播的准时，他们失望至极。

天气状况令飞艇长恩斯特·莱曼很担心。新泽西州上空狂风暴雨。船长花了一小时尝试绕开暴雨，但他最终还是决定降落。36 名乘客也没有理由不耐心等待。他们在 300 米高空为期三天的旅行中已经享受到了豪华游艇般的旅程：单人间、玻璃甲板、图书馆还有餐厅，餐厅中铺着白色桌布的餐桌上摆着鸭肉配紫甘蓝。这就是他们坚持下来的理由。

大型飞艇隆重地朝机场缓缓下降。到 60 米的高度时，降落绳被抛下。十几个帮手要把齐柏林飞艇拖向降落杆。但是突然之间，飞艇尾部出现了一团巨大的火球！广播记者的声音在万分惊恐中突然变得尖利刺耳。大火迅速向前扩散，飞艇外壳像点燃的香烟烟纸一样被吞噬掉。火苗又大又高，好似整个曼哈顿区都烧了起来。飞艇向后倾斜，下沉，燃烧，再下沉。地面工作人员陷入恐慌之中，他们拼命逃生，只要离开这里就行！ 34 秒后这架前无古人的大型飞艇残留在停机坪上的只有一副还在冒着火光的铝质骨架。

在柏林到德累斯顿的 A13 高速公路上，汽车司机们不知从何时起就会进入

“兴登堡”号

一片荒无人烟的地区，经过一个写着“热带岛”的指示牌。这是众多棕色大指示牌中的其中一个，这些牌子通常在州际高速公路上提醒人们注意历史上的城市中心、中世纪教堂或者巴洛克城堡。不读德国报纸的外国游客可能会把这个立在满是尘土的田野和蓬乱松林中的“热带岛”指示牌当作一个愚蠢的玩笑。

但是一个马来西亚企业在下劳齐茨地区认真地建了一个大到可以横着容下埃菲尔铁塔的工业厂房。这个项目甚至还得到了勃兰登堡州政府的祝福。厂房里面有棕榈树和儿童戏水池，高 107 米，内部温度为 28 度。这个人工热带天堂周末 24 小时开门。只要买了门票就可以一直待在里面。但谁会想来呢?

这个地区的人现在想要的是工作。在这个世界上最大的无支撑厂房里应该会有工作机会。在之前的莱克赫斯特灾难中有 13 名乘客和 22 名机组成员遇难。灾难过去的 60 年后，大胆的经理人、富有创意的工程师和 50000 多个满怀热情的小股东想要在德国再造一艘人所未见的飞艇。他们不仅是为了惊艳世界，更是为了用“轻于空气技术”创造一种运输工具，这种运输工具的环保性与一艘大型货轮相比，就如同一辆太阳能汽车之于保时捷卡宴。

但“CargoLifter”公司还没开始就已经破产了。德国飞艇航行史上也因此增加了新的一章，这一章读起来与以前的章节并无二致，总是既有激情、勇气和预见，也有挫折、失败和灾难。

1894 年，当退役军官斐迪南·冯·齐柏林伯爵把他的 LZ 1（第一架“齐柏林飞艇”）的设计图纸展示给潜在投资人的时候，没有人认真对待他。后来，他自己想办法筹措资金。1900 年 6 月 2 日晚上 8 点，就在博登湖边，在 12000 名观众的注视下，一架齐柏林飞艇第一次升空，当时跳出了一丝火花。自那时起，在热衷技术的德国人中就开始有齐柏林飞艇爱好者。没错，齐柏林飞艇在接下来的几十年成了一种长久想法，一个将各民族联系在一起的象征而缓慢轰隆前行。它承载的或许是典型的德国理想主义。即便飞艇首航只持续了 18 分钟就以紧急迫降收尾，大家也毫不在意。

齐柏林伯爵用彩票奖金作为自己之后几艘飞艇的资金。又经历几次紧急迫降之后，1908 年在斯图加特附近的埃希特丁根的一次维修停靠中发生了第一次火灾：齐柏林四号在风暴中挣脱固定物，旋即冲进一棵果树，在熊熊大火中化为灰烬。

公众对此做何反应？他们不仅没有恶毒攻击，反而呼吁捐款。为了让伯爵能够继续下去，德国人当时的捐赠数额高达惊人的600万马克。此外，人们在紧急迫降和事故发生地点都竖起“齐柏林石”以示纪念。

就连“一战”当中把齐柏林飞艇滥用作战争装备也没能阻止这份热情。1917年齐柏林伯爵去世后，雨果·埃克纳接管了“德国航天股份公司”，他看到了这项技术的潜力。尽管《凡尔赛和约》限制了德国的行为能力，给齐柏林飞艇的发展带来了困难，但是齐柏林飞艇的伟大时代还是开始了。

20世纪20年代的第一架大型飞艇作为战争赔偿交给美国人后，传奇般的LZ 127“齐柏林伯爵”号飞艇在1928年第一次升空。1929年德国人用这艘飞艇环绕地球，并于1930年设立了第一条完全可靠的跨大西洋航线。

纳粹掌权后，航空部部长赫尔曼·戈林掌管齐柏林飞艇。他让人把万字符画在机舱尾翼上，但是除此之外，他和希特勒都对飞艇无甚偏爱。对于纳粹谋划的战争来说，温和的滑翔机不是合适的飞行器。但齐柏林飞艇太过受人瞩目，人们不能就这么悄无声息地把这项技术给埋没。醉心宣传的当权者深知这一点，就这样1936年LZ 129“兴登堡”号这架前无古人的大型飞艇才能开始自己的航程。

接着就发生了莱克赫斯特事件。灾难原因从未彻底查清。毕竟“兴登堡”号装满可燃的氢气，而不是当时美国人已经拥有的不可燃惰性气体氦气。选择这种相较之下并不安全的气体是长时间权衡的结果，出于技术、企业运营和政治上的考虑。结果却触了霉头。

事故之后，雨果·埃克纳仍然全力以赴，用氦气继续研究。但赫尔曼·戈林却利用战争爆发，于1940年了结了失宠的齐柏林飞艇。剩下的飞艇全做报废处理，生产和维护车间被炸毁。

作为汉莎航空联合创始人的后人和前“CargoLifter”公司董事长——卡尔·弗莱赫尔·冯·加布伦茨每当回想起他当时在世界上最大的无支撑厂房中，仅用一只手就推动了充满氦气的测试气球和重达几吨的船舱时，就会滔滔不绝讲个不停。这正是“轻于空气”飞行器的魅力所在：人们只需要最少的能量就能有所进展。在气候变化大环境下，这一点很关键。

卡尔·弗莱赫尔·冯·加布伦茨对于在他看来由于失职导致的破产非常失望，但是他并没有因此而愤世嫉俗，有一次他跟我开玩笑说，现在提到齐柏林飞艇人们想到的不再是灾难，而“仅仅”是破产，这已算是一大进步。因为对于他以及所有齐柏林飞艇爱好者来说，这段历史还远未结束。

00:41

万湖湖畔的美好时光已然逝去

玛塔·利伯曼为免于被送入奥斯维辛集中营，吞下安眠药

1943年3月5日的一分钟

柏林，巴黎广场7号，信纸上还是这个旧地址。“进来左转”，马克思·利伯曼习惯用稍显无礼的柏林话描述去往他家的路。事实上只需要穿过勃兰登堡门，然后向左走几步，就到了这位画家的工作室及其家庭住宅的门口。马克思·利伯曼在他的辉煌时期是一位声名远播的艺术家，同时出任普鲁士艺术学院院长。

现在勃兰登堡门旁边的这幢房子跟利伯曼在万湖边的别墅一样都属于纳粹政府。马克思·利伯曼已经去世八年。他的遗孀现在生活在动物园区。纳粹还试图不断从这位85岁高龄的女人身上勒索更多的钱、有价证券和首饰。理由始终书面、官方、准确无误。一切都有自己的秩序，都以现行法律为基础。在希特勒控制的国家里，人们很重视这一点。

但是这封信却是用深色墨水潦草写成。写这封信的女人似乎时间不多了。

> 敬爱的阿伦菲尔德先生，我现在完全手足无措！银行连一分钱都没付给我，如果您不好心来探望我，我就没钱了。此外，我还受到各方威胁，说要移送我。我热切地盼望您的到来。请您一定要答复我！
>
> 对您感激不尽的玛塔·利伯曼

前商业银行负责人、正教会成员埃里希·阿伦菲尔德看到信后马上出发。自从玛塔·利伯曼的住宅被标上“犹太星”，在财务上也被剥夺了权利以来，这个也饱受纳粹折磨的人就伸出了援手，尽其所能提供帮助。但是今天他来晚

玛塔·利伯曼被遣送前故居旧址

了。玛塔·利伯曼的房子空空如也。

盖世太保的人在3月5日清晨闯进这间房子时，发现女主人已经不省人事。她身旁放着鲁米那安眠药的空包装。纳粹把她装上一辆三轮送货小车，送到犹太医院。医院的过道里满是安眠药中毒的人。医生们不知道该怎么办。他们救活的人马上会被移送到奥斯维辛集中营。至于玛塔·利伯曼，他们就让她睡着吧。

万湖在阳光下耀眼夺目。马克思·利伯曼和玛塔·利伯曼度假别墅的阳台上摆放着桌椅，有几把大太阳伞遮阴。湖边清风徐来，吹过有一条桦木大道的大花园，这位艺术家经常画这条路。不断有人从客厅穿过玻璃双扇门向外走去，寻找剩余不多的空位。他们端着碟子，碟子上是拿铁玛奇朵和面包师做的纯天然樱桃蛋糕。大多数人已经到了二层，正对着油画啧啧称奇。接下来他们将穿过博物馆商店。但他们还不会就这么离开花园，而是还想再欣赏一会儿万湖的风光。他们是客人，利伯曼的客人。

马克思·利伯曼是为数不多从一开始就热情接受法国印象主义的德国人。出于民族自尊，大多数人坚决拒绝这种艺术流派，不想看到德国的美术馆里挂着莫奈、塞尚、毕加索或是西涅克的画。但利伯曼却收藏漂亮的法国画，跟他多年的朋友，汉堡美术馆馆长阿尔弗雷德·立齐沃克一样。

尽管利伯曼是普鲁士艺术学院展览会的教授和评审委员会委员，但他在1899宣布与国家艺术家的审美口味分道扬镳，并与瓦尔特·莱斯蒂克共同建立了“柏林分裂派”。这个圈子里艺术家们的风格有时也被叫作“德国印象主义”，他们成了帝国现代绘画的开路先锋。洛维斯·科林特和马克思·斯累伏格特与莱塞·乌里一样都是其中一员。与工厂主儿子利伯曼不同的是，莱塞·乌里的栖身之所位于诺伦道夫广场，环境破败。

1884年37岁的马克思·利伯曼娶了玛塔·马克瓦尔德。1909年利伯曼夫妇决定除了巴黎广场上这栋祖上的府邸之外再建一栋避暑别墅。为此他们购置了维伦克罗尼埃尔森地区剩余的最后几块地皮中的一块。这个地区位于万湖南岸，很快就成了首都柏林的最佳居住地段。与其地理位置相比，这栋房子显得很朴素。花园是房子的亮点，并且与房子构成一个整体。

利伯曼夫妇的邻居是出版商卡尔·朗根沙伊特（朗氏出版集团）和AEG公司总经理约翰·哈姆斯彭。对面搬来了出版商费迪南德·施普林格（施普林格出版集团）和医生费迪南德·绍尔布鲁赫。众多在万湖边安家落户的名人都是犹太人出身。他们的家族都是几代以前从奥得河以东地区搬到柏林来的，比如利伯曼一家就来自勃兰登堡的弗里德兰地区。他们凭借聪明才智和勤奋努力过上了富裕生活。这个阶层构成了这个贵族和军队之国中资产阶级的大部分。

1938年，也就是马克思·利伯曼去世三年后，玛塔·利伯曼不得不离开在万湖边的房子。国家社会主义者拉开了强制出售的序幕，他们把卖屋所得的160000马克收归国库，房子和地皮则供帝国邮政使用。

就连数米之外，同在湖边的玛里尔别墅很快也不再为私人所有。这幢富丽堂皇的建筑更多用作党卫军情报服务的招待所。1942年1月20日，玛塔·利伯曼被计划送走的前一年，希特勒邀请了国家行政机构、纳粹党和党卫军的十几个高级官员到这里开讨论会。会议内容是所谓的“犹太人问题的最后解决办法”。

按照希特勒及其手下的决定，纳粹政权计划以此为名目杀害约1100万犹太人。首先他们更喜欢逼迫犹太人移民，这种做法更加有利可图，因为在一个信仰犹太教的德国人被允许离开德国之前，他的财产都要收归国有。国家社会主义者慢慢发现，这些犹太公民的财富已被榨干，再没有利用价值。

1941年6月30日，海德里希接到帝国元帅戈林的命令，计划运走和屠杀欧洲犹太人。在万湖别墅中召开的这次短暂会议的目的是确保参与此次灭绝计划的所有部门之间配合顺利。会议之后还有一顿丰盛的早餐。

《万湖会议纪要》内容提到：

在实施最后解决办法的过程中，犹太人应该在相应的领导下以一种合适的方式去往东方参加劳动。把劳动大队中有劳动能力的犹太人分性别投入道路工程建设中，其中大部分毫无疑问将通过自然减少的方式消失。对于最后还能存活的，毫无疑问是抵抗力最强的那部分人，

玛塔·利伯曼

必须以相应的方式处置。因为通过自然选择的这部分人一旦被释放就和释放新的犹太生殖细胞没有差别。

这些德国官僚避免使用“杀害”这个词，而更喜欢用“相应的方式处置”或者“特殊处理”这样的说法。不久，这种解决方案也将适用于那些没有参与劳动的犹太人。

1945 年后，利伯曼家的别墅被用作万湖市医院的外科部。直到 1951 年，别墅才归还给马克思·利伯曼和玛塔·利伯曼的女儿。他们的女儿生活在美国，坚决不回德国，于是就把别墅卖给了柏林市政府，供水上运动员使用。后来，马克思·利伯曼协会成立，想要在这里建造纪念马克思·利伯曼的博物馆和纪念碑，然而，市政府却宁愿跟一家潜水俱乐部延长租约。

直至 2002 年，经过漫长而艰难的谈判，马克思·利伯曼协会才能重新好好修缮这栋房子并将其变为一个博物馆。其中一个条件是，全部资金都只能来自私人捐赠。对于曾经没收利伯曼一家财产的德意志国家来说，人们在这个地方的纪念一文不值。

00:42

为死而生

埃尔温·隆美尔将军在车里被低空轰炸机攻击

1944 年 7 月 17 日的一分钟

黑色大车呼啸着灵活穿行在诺曼底的乡间小道上。这是汽车联盟（奥迪前身）的一辆四开门敞篷轿车，闪闪发光的铬质水箱，发亮的保险杠。车顶是打开的，夏日的暖阳照得乘客身上一阵温暖。这辆车非常适合到巴黎香榭丽舍大街上兜风。但是汽车的前灯带着黑色的罩子，上面有细细的缝隙。“WH”的标志表明这辆车是纳粹国防军的陆军公务车。这些天没有人开车在法国兜风。这里正值战时，德国人把战争带到了邻国。即便现在英国和美国已在大西洋上集聚优势兵力，德国人依然想赢得战争。

埃尔温·隆美尔将军坐在副驾驶座上，与平日里一样坐得笔直，头戴帽子，直视前方。他正在去视察部队的路上，现在刚经过卡昂东南部的村庄利瓦罗附近。德国军队中所称的“大西洋壁垒”矗立在眼前。但是几周以来，心中的疑虑还是一直折磨着西部最高指挥官隆美尔。难道不是更应该跟英国人和美国人心平气和达成一致？然后把注意力完全集中到“东部战线”的战斗上？

隆美尔的司机是一个名叫丹尼尔的年轻男子。他看上去充满自豪，自豪于能够开着这部大车给这位伟大的将军当司机。如果不是爆发了战争，他可能会在德国某地做学徒；他可能会在这个夏天恋爱。突然之间飞机从身后出现，发出轰鸣声，在低空中朝他们急速靠近。隆美尔转过身，刚好看见飞机迎面而来。他看见螺旋桨、炸弹和飞机上的大炮。他的目光充满优越感，满是优越感和不屑。

接着爆炸声淹没了飞机噪声。一束炮弹打中汽车左半边。一枚烈性炸弹炸碎了年轻丹尼尔的整个左肩，车厢内部浸在血泊中。一个垂死的司机坐在方向

埃尔温·隆美尔

盘前，汽车左右摇晃着向前行驶，撞在了右侧路边的一棵树上。隆美尔三重颅底骨折。汽车撞在树上弹了回来，滑向公路左边的排水沟。隆美尔被甩到公路上，躺在车后 20 米的地方。

“您想以什么方式死去？”法国作家马塞尔·普鲁斯特在和平年代把这个问题收录在那份著名的调查问卷中，他让文学朋友把这份调查问卷当作集体游戏来填写。虽然这位纳粹国防军将军可能不会像后来的联邦国防军将军回答德国一份大报纸的提问时那样，坦然回答这个巴黎花花公子提出的问题，但即使是隆美尔可能也像每个人一样，思考过自己的死。虽然我们无从知晓，但诺曼底地区的这次飞机攻击在一定程度上接近隆美尔设想的与他身份相称的“军人”之死。车队中的目击者说道：“他用蔑视死神的眼神盯着不断接近的轰炸机。”

埃尔温·隆美尔元帅一开始任非洲军团军长，后来任德国西线部队指挥官。没有其他人像他一样被国家社会主义的战争宣传风格化为英雄。但他并没有死于这次袭击。尽管医治他的法国医生对神志不清的隆美尔不抱任何希望，但他还是活了下来。

三个月后，也就是 1944 年 10 月 14 日，隆美尔在位于海登海姆的家中同家人在一起，他正在康复中。当时一些人从柏林赶来看望他，包括阿道夫·希特勒的副官和其他军官以及党卫军成员。在此期间，美国人在诺曼底登陆了，碾过德国人的“大西洋壁垒”。

一番短暂的谈话过后，隆美尔和一些军官上了一辆欧宝车。车在赫尔林根小镇后不远处的一段空旷道路上停了下来。军官们把隆美尔一个人留在车上，他们则下车散步去了。隆美尔在欧宝车的后座上吞下了军官们塞给他的氰化钾胶囊。氰化钾能够把胃酸变成盐酸，盐酸腐蚀胃壁，接着就会流进腹腔。

10 分钟之后军官们回到车上。开车的党卫军成员事后回忆道：“我看见隆美尔坐在车后面，明显快要死了，倒下不省人事，抽噎着，不是临死前发出的那种呼噜声，也不是疼痛带来的呻吟，而是抽噎。他头上的帽子掉了下来。我把他扶起来，又把帽子重新给他戴上。”

埃尔温·隆美尔是参加“一战”的那些人中从未在魏玛共和国的公民社会

找到自己位置的人。一场从未有过的四年大规模战争摧毁了旧的价值，也模糊了社会界限。隆美尔自 1918 年以后一直是职业军人。大多数军人都向往一场新的战争。这场新的战争将是对 1918 年失败的“雪耻”，他们认为“软弱的民主人士”应该为当年的失利负责。这次德国将会胜利，并最终发展到它应有的规模。

与大多数帝国国防军成员一样，隆美尔早前也对阿道夫·希特勒很狂热。这位自封“元首”的人承诺恢复军队在国家中的“荣誉位置”。对于隆美尔这样一个出身施瓦本地区的小市民来说，希特勒无疑是社会崛起的象征人物。在“第三帝国”中处于权力控制中心的不再仅仅是那些易北河以东的年轻贵族，人民当中有天赋的人也同样有机会。“希特勒知道对我们来说什么是最好的。”隆美尔在给夫人的信中这样写道。

当新的战争最终到来时，职业军人隆美尔的国际视野和判断完全局限于军事问题。党卫军跟随纳粹国防军的脚步在德国占领区的所作所为他都清楚。他视而不见，对国家社会主义出现的弊端负有责任的是那些“党魁”。纳粹国防军是“干净的”。很多人都这样想。一些人直到今天还是这么认为。

能够让隆美尔良心上稍有慰藉的是，战争中他指挥的部队多在西欧和南欧，主要在非洲。在这些地方，作战和种族清洗之间的联系不如在东欧那么明显。至少他可以让心里的压抑情绪更易排解。除此之外，凭借赫赫战功，隆美尔享有灵活对待军令的自由，因为煽动宣传需要把他塑造为英雄。事实上他对待俘虏也比其他国防军将领要公平。他拒绝在占领区筛选需要移送的犹太人。

到战争局势无法挽回的时候，他与希特勒的关系出现了危机。在非洲，英国人在伯纳德·蒙哥马利的领导下战胜了纳粹国防军。西方同盟国在法国的胜利只是时间问题。隆美尔试图说服希特勒在西部战线做出让步。这个独裁者愤怒地拒绝了。战争快要结束的时候，“坚持到底”是他最喜欢说的一个词，直到他在地下室里结束了自己的性命。

隆美尔在诺曼底受伤的三天后，对希特勒的一次炸弹袭击失败了。当时他还处在昏迷当中。对隆美尔产生致命影响的是，施陶芬贝格伯爵和路德维希·贝克身边的刺客把隆美尔这个实用主义者，这个他们可以说上话的人，在他本人毫不知情的情况下，卷入计划中。他们在盖世太保的刑讯室里说隆美尔跟他们是一伙儿的。这是个误会。虽然隆美尔希望西方和平的想法希特勒并不认同，但隆美尔一直忠于对希特勒许下的誓言。当他得知刺杀一事时，他非常生气，同时感谢上帝救了“元首”。

希特勒自己却不再清楚该如何看待隆美尔。隆美尔作为国家社会主义的媒体明星在国防军中位高权重。对其眼红和敌视之人最终说服希特勒铲除这位模范将军。希特勒派人给隆美尔送去一颗氰化钾胶囊，公开宣布他是英勇战死，给他举行了一场风光国葬。

00:43

保守分子的阴谋

一枚炸弹在阿道夫·希特勒的东普鲁士总部爆炸

1944年7月20日的一分钟

天气炎热。由于地下室正在翻修，中午时分的局势讨论放在一间简易兵营里进行。几分钟之后希特勒将会听到军官们的汇报。克劳斯·申克·格拉夫·冯·施陶芬贝格伯爵上校请求“元首”原谅他要再次短暂离开，他想换汗透的衬衫。希特勒同意了。施陶芬贝格伯爵跟副官沃尔纳·冯·海夫腾中尉一起走了出去。这位上校没有别人的帮助自己换不了衣服，因为15个月前在突尼斯的一次低空轰炸机袭击中，他失去了左眼、右手以及左手的两根手指。他已经不适合执行任务，但他继续留在国防军的请求得到了批准。

施陶芬贝格伯爵上校今天要杀死他的“元首”和总司令。他一早就跟海夫腾带着装有2000克炸药的公文包在柏林南边的朗斯多夫机场登上飞机。他们可以准时降落在东普鲁士城市拉斯滕堡。希特勒把总部设在这里，他把这里叫作“狼穴”。“元首”已经很长时间没有出现在被炸毁的柏林。

施陶芬贝格伯爵和海夫腾在隔壁房间打开公文包，一切必须快速进行。这次讨论会出人意料提前了半小时。袭击不能推迟到下一次了，否则“瓦尔基里行动”就会失败。施陶芬贝格伯爵和亲信海夫腾想掌权。这个英国炸弹需要整整十分钟才会爆炸。施陶芬贝格伯爵用一把为他特制的残疾人专用钳子给其中1000克炸药装雷管。但是他受到了干扰，上士维尔纳·福格尔走了进来，请他们抓紧时间。施陶芬贝格伯爵来不及组装第二颗炸弹。但是他没有把剩下的1000克炸药也放进公文包，从而可以让另1000克炸药爆炸的时候引爆它们。他把剩余的1000克炸药留在这里。

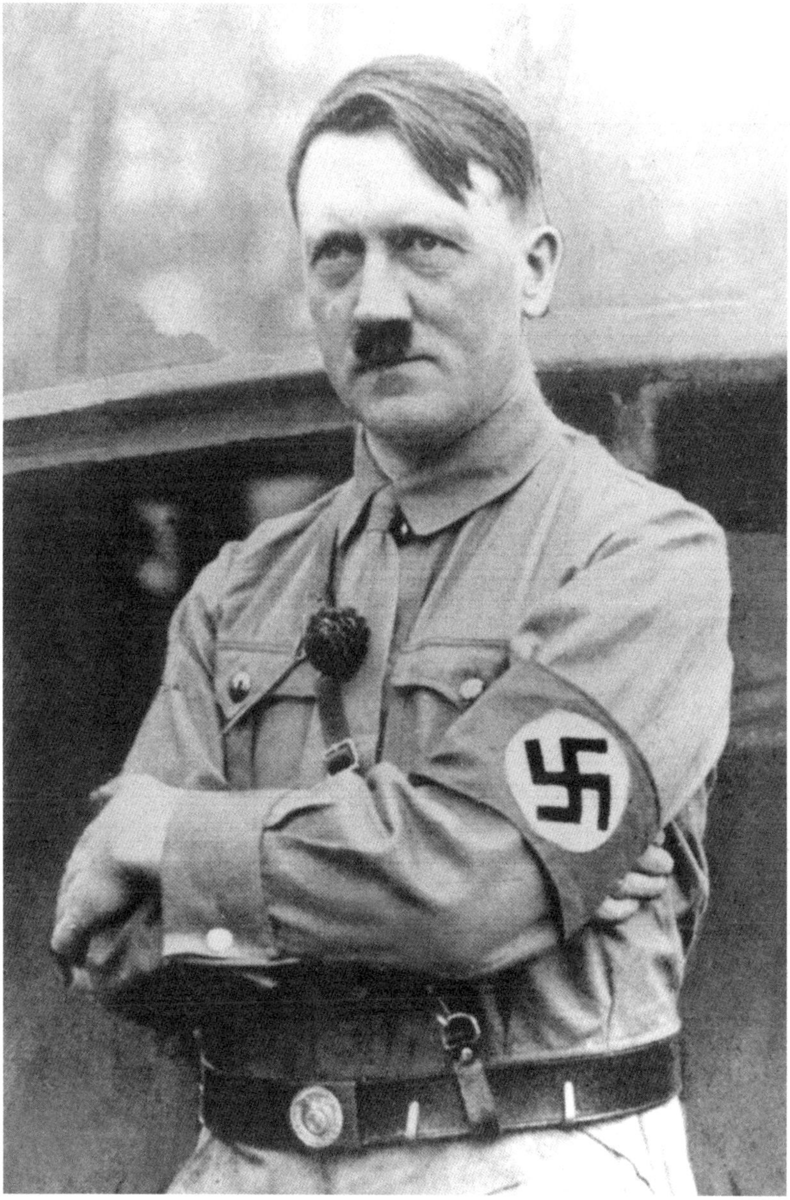

阿道夫·希特勒

在会议室里，施陶芬贝格伯爵把公文包放在尽可能靠近希特勒的地方。紧接着海夫腾又把他叫出了房间，说是柏林打来的重要电话。希特勒有些烦躁，他要求会议继续进行。公文包被移动了位置。23 名军官中的一人把包推到屋子中间一张厚重的橡木桌子下面。几秒钟之后炸弹爆炸。窗子飞出房间，现场一片狼藉。施陶芬贝格伯爵和海夫腾逃出了戒备森严的森林，回到柏林。他们以为希特勒已死。但他们错了。

1968 年，一场各执一词的政治讨论之后，《德意志联邦共和国基本法》第二十条增加了以下内容：

> 如无其他可能的补救措施，所有德国人皆有权反抗所有企图破坏这一秩序之人。

“这一秩序”是什么秩序？什么是不能被破坏的？宪法前十九条讲的是基本权利，其中包括生命权、人格自由发展权、集会自由或职业自由。国家许诺给每个个体的这些基本权利在法学家看来已经不仅仅是“主观”要求，也是“客观”价值。宪法有义务用这些“客观”价值使所有国家行为以人为本。个体绝不能成为各个统治者专断独裁的对象。

在基本权利之后的第二十条是国家秩序最基本的法律标准。这些短小精悍的句子在一定程度上确定了“基本法的基本原则”。据此，德意志联邦共和国是“一个民主的社会联邦国家”，因而就避免了专制和君主政体。对弱者的保护和有尊严的生存落实到每一个人。

接下来的法条是“所有国家权力来自人民”。国家权力由人民以选举和公民投票的方式得以行使。所有国家权力必须通过选举才合法性。任何政党或社会团体都不允许独自行使立法、司法和执法权。同样这三项权力也都“受到法律法规的约束”。单个官员没有法律基础的专断行为都是违宪行为。

基本法不容许任何人对这一秩序提出质疑。不论是谁，如果企图废除基本权利、民主或法治国家，都要明确考虑到公民的反抗。1968 年添加进宪法的这

克劳斯·申克·格拉夫·冯·施陶芬贝格伯爵上校

句话从法律体系上来说很有问题，直到今天还有很多宪法专家不接受这句话。但它其实相当于一个宪法级别的政治呼吁。

古希腊罗马时期，人们就对“谋杀暴君”和对不谋其职的统治者的反抗权有过深入讨论。美国独立宣言和法国大革命的文献都包含有关这个主题的段落。1919年的魏玛宪法却缺少这个内容。但是今天明确了的是：如果再出现一个独裁者，民主人士应予以抵抗。如果其他手段不起作用，那么民主人士就应该发动每个个体来抵抗。

克劳斯·申克·格拉夫·冯·施陶芬贝格伯爵不是民主人士。他和军队、贵族和市民阶层中保守的战友想干掉希特勒，剥夺党卫军和盖世太保的权力，解散国家社会主义工人党。但是施陶芬贝格伯爵明显不想按照西方模式建立民主。人民应该继续走他们自己的“德意志”道路，接受独裁式领导。只是领导要更好一些而已。

1926年施陶芬贝格伯爵在高中毕业考试中取得优异成绩之后立即加入帝国国防军。他属于他那一代人当中浪漫的狂热者和国家神秘主义者，爱日耳曼传说超过一切，沉醉于斯特凡·乔治创作的忧郁诗歌中。一定是一种对英雄的特别向往驱使施陶芬贝格这个天资聪颖、敏感而有些体弱多病的文学爱好者走进了军官学校。

1933年希特勒成为帝国总理时，施陶芬贝格伯爵还属于对此坚决表示欢迎的保守人士之一。在社会民主党人和自由党人为了维持共和国而斗争之时，分歧的焦点主要存在于天主教中央党党内。他们中的一部分人在“黑、红、金的帝国国旗”下跟社会民主党人和自由党人一起为民主而努力。另一部分人支持希特勒，主要是弗朗茨·冯·帕彭，重要原因之一是，他们认为自由的魏玛文化是堕落的，因而寄希望于一次道德上的革新。当时，施陶芬贝格伯爵并不惧怕与国家社会主义组织接触。当很多军人期待已久的战争爆发时，他完成了自认为应尽的义务。

克劳斯·申克·格拉夫·冯·施陶芬贝格伯爵并不是民主人士，也不是肆无忌惮的技术治国论者和无忧无虑的随波逐流之人，更不是冷漠地打着自己小算盘的机会主义者。不单单是希姆莱的党卫军犯下的那些罪行，还有“施陶芬贝格的”的国防军所卷入的那些不法之事都还只是恐怖的开始。所有这些都在折磨着这个南德天主教贵族的良知。1939 年进攻波兰的时候他就曾鄙夷地评价过东欧人和东部犹太人，他把他们叫作“暴徒”。自中世纪德意志骑士团东征以来，这些欧洲东部的德意志人一直感觉自己是高高在上的“主人”。

但是像消灭昆虫一样杀人？一些人，其中包括埃尔温·隆美尔，都可以很好地排解犯罪之后良知上的不安。施陶芬贝格伯爵太敏感，太感同身受，太富道德心，因而他无法像这些人一样冷血。他饱受折磨。他曾向“元首”宣誓效忠，也就成了杀人机器的一部分。引用一段他在 1944 年说过的名言：

> 现在到了有所行动的时候。然而，敢于有所行动的人必须意识到，自己将有可能作为叛徒载入德国历史。但如果什么都不做，就又会背叛自己的良知。

然而，时机不对。已经不是最紧迫的时间，早已太迟。“瓦尔基里行动”是一次彻头彻尾的失败之举。尽管国防军是唯一有能力与希特勒对抗的组织，但是能够做出清楚决定并将其一以贯之的军官微乎其微。除了希特勒和他的党派集团以外，其他人都知道战争已经失败。很多最严重的罪行已然发生。现在该如何挽救自己？这令大多数人都备受折磨。反抗的最佳时机已然错过。反抗应该出现在 1933 年，民主岌岌可危之时。

00:44

沉没

三枚苏联鱼雷击中载满难民的豪华邮轮“威廉·古斯塔洛夫”号

1945 年 1 月 30 日的一分钟

在这艘船上大家都该是平等的。1937 年“威廉·古斯塔洛夫”号在汉堡的布洛姆–福斯下水。买主是“喜生力”组织。它为“民族同志”安排疗养休假。在这艘长 200 多米的高度现代化豪华邮轮上，机组人员和乘客、工人和雇员、无产阶级和市民阶层据说享受着无差别的舒适服务和设施。外部客舱、流动的冷水和温水、桌子、沙发、衣柜供所有人使用。

1945 年 1 月 30 日，“威廉·古斯塔洛夫”号离开但泽北部的戈腾哈芬，向吕根岛方向航行。这艘船早已不被用作豪华观光船了。自从 1939 年秋战争爆发以来，这艘船就被用作卫生船。现在海军元帅邓尼茨安排了“汉尼拔行动”。因为苏联红军向前推进，奥得河以东几百万德国人必须被带往安全之地。

不知道从什么时候开始，人们不再计算冲上甲板的人到底有多少。一开始还要求船票。只有带了至少三个孩子的妇女才能上船。但是蜂拥而至的人越来越多。他们仓皇离家，有些人身上只带了一个箱子，有些人连箱子都没有。有 6000 人在甲板上，还是 10000 多人？没有人知道确切数字。到处都是男人、女人、孩子、白发老人、士兵、护士、伤员。

船到达深水区，进入航线。鱼雷艇“狮子”号负责护送。一艘更大的护卫舰被临时取消护卫任务。船上有四名船长。其中一个出于安全考虑建议在近岸水域航行，因为苏联潜艇也会向卫生船发射鱼雷，一旦发生海难，谁能在这样冰冷的气温和水温条件下存活下来？但是另一个船长的意见得到了采纳，船驶向开阔海域。

“威廉· 古斯塔洛夫”号

8点21分，苏联潜艇S13从700米外发射了三枚鱼雷。它们先后击中船的艏部，泳池下方和机电室。灯灭了。一小时之后，“威廉·古斯塔洛夫”号就彻底消失了。

“威廉·古斯塔洛夫”号客轮的沉没是有史以来最大的一次船难。没有人知道确切的伤亡人数。死亡人数估计在5500至9000之间，大多数是妇女和儿童。现在，一个德国人的性命对于苏联红军就像一个犹太人或波兰人的性命之于党卫军情报机关一样一文不值。他们只要看见运动的东西就开火，前进的目标是柏林。

德国当局和军方对奥得河以东地区群众的疏散开始得太晚。东普鲁士、西普鲁士和波美拉尼亚省的党部头目相信他们自己的宣传口号。其中一条口号这么说：“不论什么时候都没有俄国人能踏上东普鲁士这片土地！”但从1944年夏天开始，苏联红军不断向西挺进。

从1945年年初的一月进攻开始，事情接踵而至。随着战线快速向前推进，通过陆路逃跑似乎有风险。即便如此，依然大约有50万人成功通过这种方式逃到了安全之地。同时估计有250万人通过“汉尼拔行动”越过波罗的海被疏散出战区。目的港口是基尔、弗伦斯堡或者哥本哈根，向西越远越好。

大约有200万平民没有逃出来。他们要么死在苏联红军到达他们居住区域的时候，要么死在躲避追击的过程中。受害者当中光是被红军强暴致死的妇女就预计有近20万。

1945年上半年，德国海军为帮助人们通过波罗的海逃难就动用了1000多艘船只。各种船型都有——豪华邮轮、卫生船、商船、渡轮、快艇，几乎是无眠无休地执行任务。除“威廉·古斯塔洛夫”号外，苏联潜艇还击沉了“施托伊本将军”号和“戈雅”号。5月3日，“卡普阿尔科纳”号被俄罗斯空投炸弹击中沉没。船上有成千上万的集中营囚犯。

难民出发的波罗的海港口人满为患。大多是从自己的农庄长途跋涉来到这里，已经很多天没有吃东西。现在他们发现自己也不得不跟一路用马车运来的最后一点财产道别，因为船上没有地方放这些东西。自己能够坐船离开已然很困难，接下来只是单纯活下来。苏联战斗机随时可能在码头堤岸造成伤亡。

如果说战争当中的每次军事行动都要经过总参谋部动辄长达几个月的计划，那运送难民这件事则几乎没有任何提前计划。海军舰队和陆军总司令部中没有人设想和规划过这样的场景。大家都为德国国防军的“最终胜利”做好了准备，除此之外没有别的打算。

虽然海军元帅卡尔·邓尼茨给“汉尼拔行动”起了一个庄严的名字，但实际上这次行动多是临时起意，只是为了试图控制住混乱局面。海军少校科拉德·爱格哈特为此被任命为“波罗的海海军运输指挥部长官”，被赋予各项权力。

这艘不幸的“威廉·古斯塔洛夫”号本该叫作“阿道夫·希特勒”号。但是“元首”根据一个被国家社会主义者尊为“烈士”的人给这艘船命名。银行职员威廉·古斯塔洛夫“一战”后不久就因为肺结核搬到瑞士疗养胜地达沃斯。他留在了瑞士，但是1929年加入了德国国家社会主义工人党。1932年起，他建立了纳粹党的一个瑞士境外组织。截至1936年，共有5000多反犹主义的瑞士人加入组织。同年，古斯塔洛夫在达沃斯被一个犹太教经师之子开枪打死。

“威廉·古斯塔洛夫”号被三枚鱼雷击中后，船上只有极少数人还有活命的希望。这艘船严重超员，船上的救生艇远远不够。不仅如此，很多救生艇在戈腾哈芬港时被挪作他用，代替它们的是不中用的小划艇。现在唯一的希望就是其他还能载人的船只。船的控制中心发射出多颗照明弹求救。

但是护送“威廉·古斯塔洛夫”号的“狮子”号鱼雷艇已经装满难民，只能再救几百人。“T36”号鱼雷艇也还能再救几百人。其他船只都来得太迟，没能各自从划艇和临时制成的筏子上救上三四十人。

一旦掉进水里，就基本上没有希望了。气温零下18摄氏度，水温2摄氏度，身体只能支撑七八分钟就会冻僵，紧随而来的就是死亡。这场灾难过后总共只有约1200人活了下来。

机电室被鱼雷击中后，整艘船上的灯都灭了。只有一盏微弱的紧急照明灯还亮着。目击者后来说，“威廉·古斯塔洛夫”号完全沉没后，船上的照明灯突然又亮了起来。阿道夫·希特勒想要送给德国“喜生力”组织的这艘船就这样在灯火辉煌中沉没。

00:45

在猴子与长颈鹿之间

议会委员会成员在波恩凯尼格博物馆举行隆重会面

1948 年 9 月 1 日的一分钟

动物已经被清到一边。平常这里精致的动物标本会让大大小小的参观者都感到惊叹，但今天人却成了重点。亚历山大·凯尼格动物博物馆的天井是个几层楼高的长方形大厅，大厅里有一个凉廊一样宽敞的廊台和用不透明玻璃建造的穹顶。在大学和退休者之城的波恩，这座壮丽建筑算是唯一一座几乎没有遭到世界大战破坏的大型建筑。这座建筑的框架正是普鲁士的代表风格，而普鲁士这个国家则在不久前被战胜国从历史上抹去。

大厅有一半的空间都被紧密地摆上了一排排座位。在座的女人为数不多，男人们身穿黑色礼服，露出新浆洗的白色衣领。他们是由西德各州议会选出来的 65 位委员会成员，他们从今天开始要制定出一部暂行宪法。他们中有西德各州州长、教会代表、企业老板、艺术创作者和美英法的军方代表。廊台上则挤着大批记者。

坐在大厅后面的波恩城市交响乐团将马上演奏贝多芬的曲子。社会民主党成员、黑森州州长克里斯蒂安·施托克将跨过两级小台阶，登上位于大厅中央，用鲜花装饰的讲台，并要向聚在这里的基督教民主党人、社会民主党人、自由党人、共产党人、各主教、剧院经理、将军们以及猴子、长颈鹿、雕、秃鹫、蛇和兔子们宣布，西德从今天起将拥有一个新的国家制度。

动物学家、探险家和狂热的战利品收集者亚历山大·凯尼格在 1940 年去世。这位富有的人是贩糖商人的后代。他一生有两件事是他无法想象到的：第一，仅仅在他去世 10 年后，他的故乡波恩就成了一片断壁残垣中仅剩的几处还算

1948 年在波恩凯尼格博物馆举行的议会会议

完好的城市。第二，建国这等大事竟偏偏在这里举行！这座饰有廊柱的博物馆是凯尼格自 1913 年起为他的动物收藏兴建的，位于波恩南部别墅区，紧靠哥德斯堡后面的街道。

即便人们并非全心全意，并且还有很多保留意见，但这至少拉开了国家建立的序幕。只有英美法占领区的代表坐在这座动物博物馆内。在苏占区，人们也正在紧锣密鼓地筹备建立第二个社会主义德国。不幸的是，西柏林就处在双方对峙的前线。自 6 月 24 日起，红军就封锁了通往西柏林的通道。西柏林基本上完全依赖飞机空投获得供给。

1945 年 5 月德军投降之后，之前的德国反战政治家进行了激烈讨论，讨论这个被打败的战争发动者要何去何从。德国人当时太关注眼前之事，没有考虑过国家的未来。

人们之前还在柏林体育馆为约瑟夫・戈培尔欢呼，觉得即便是最彻底的全民战争也是一个好主意，如今却关心自己的生存多于政治，并且或许还会对军队要暂时接管这个国家而窃喜。纳粹恐怖的后果包括逃亡与被驱逐、成为战俘、挨饿以及住房紧张。所有这一切将这个国家置于一种紧急状态下。在这一状态下，所有人都尽己所能地成了生存大师。

美国和英国的高层政治家和军方在战争结束后不久便决定要将自主权和政治行为能力逐步交还给德国，但在法国人这里，美英需要做很多劝服工作。德法之间几个世纪的敌对关系所造成的创伤太深，战争期间被德国占领的耻辱刻骨铭心，以至于法国希望德国永远成为战胜国的附庸。除此之外，法国别无他念。那俄罗斯呢？在莫斯科，人们已经迫不及待地至少把德国东部纳入苏联的势力范围内。

1948 年 7 月在伦敦召开的西方联盟会议上，英美达到了自己的目的，决定让管辖下的德国西部地区尽快成为一个新国家。从 1946 年年底起，西部地区就相继进行了州议会选举。在曾经的法兰克福法本楼，如今的美军总部，联盟向新当选的各州州长讲述了他们的计划：应该召开一次国家制宪大会；这个国家必须是联邦制——也就是说中央政府要给予各州很大的权力；新宪法要以全民公投的方式获得通过并最终得到西方联盟各国的批准。

为此，州长们从 1948 年 7 月 8 日到 10 日在科布伦茨的一家饭店进行准备。这家饭店的名字引人遐想——“骑士倒台”。他们殚精竭虑。从根本上讲，西方同盟国的计划对他来讲似乎并无不妥之处。德国应该再次获得行为能力。但只是德国西半部分吗？这难道不意味着东部德国就丧失了民主和自由吗？这不就打上了国家分裂的印记吗？

人们知道，原则上联盟不会容忍任何异议。但无论如何，州长们还是向占领国争取到机会对计划做几处小的修改：不通过全民公投，而只是让一个通过州议会选出来的委员会进行投票。不制定宪法，而只制定一部所谓的“基本法”，同样也不需要全民公投。政治家们想以此强调，这只是一个过渡政策，有关整个德国的未来问题依然保持开放。

在专家委员会于海伦希姆湖岛完成了必要的准备工作后，这个“议会委员会”的成员最终在波恩的凯尼格博物馆会面，并且于当天在教育科学院，也就是后来的联邦大厦开始讨论。经过长时间讨论结果：1949 年 5 月 24 日，《德意志联邦共和国基本法》正式生效。

在未来一部“真正”经过全民公决通过的宪法产生之前，这个基本法将一直有效。然而直到今天，这部预计的宪法也没有诞生。在民主德国于 1989 年 10 月 3 日根据《德意志联邦共和国基本法》第二十三条规定并入联邦德国之后，波恩的这部暂行法规便成了整个德国的宪法。人们或许会抱怨这部宪法是半心半意的产物，并为错失了机会而不满。但其实也许对于一个国家来说，在和平和富裕时期，在没有困境和危险、没有来自外部的巨大压力、没有近在眼前的疯狂深渊情况下，制定一部全新宪法是近乎不可能的。

00:46

无用的盛怒

应民主德国领导人的要求，人们开始炸掉柏林皇宫

1950 年 9 月 7 日的一分钟

旧事物就应被淘汰。最旧的则应该第一个被淘汰。拆迁负责人库尔特·李卜克内西将炸药分散在这座近 500 年历史的世俗建筑周围。这座建筑被视为欧洲新教最重要的文化遗产。位于施普雷河畔的建筑东翼将在这个星期三的 12 点 30 分被推倒，其实它现在已经千疮百孔：炸弹炸出了很多大洞，房顶已经损坏，不少房间已被烧毁。但跟遭到战争空袭的柏林大部分地区相比，整座城堡还算得上是和从前一样屹立不倒。

朝着圣母教堂的最古老的建筑部分看起来从未如此光滑，就像出自建筑大师安德烈亚斯·施吕特之手，位于林德街和库普夫格拉本街的巴洛克式建筑正面一样让人印象深刻。城堡在这里有着很多的挑楼和小塔楼。这座建筑并非由单个建筑设计师设计完成，所有都是随着时间逐步完成：那座被称为“绿帽子”的塔脱胎于中世纪的一个城防建筑；还有 1465 年的埃拉斯穆斯祈祷室；那座被两个圆形角塔夹在中间的女公爵别墅是在 1590 年前后按照罗科·冯·利纳尔的设计建造完成的；“布伦瑞克画廊”和“大选帝侯”的寓所则建于 17 世纪。

1918 年，拆迁负责人库尔特·李卜克内西的叔叔当时作为共产党领袖，在城堡另一边的露台上宣布成立苏维埃共和国。然而他和他的支持者一开始没能达到目标。如今，红军占领了柏林东部并扶植起一个共产主义政府。这个政府的首脑瓦尔特·乌布利希决定炸掉这座城堡。

12 点 30 分，几次沉闷的爆炸声撼动施普雷岛。明亮的灰尘从城堡最底层喷涌而出，弥漫到被封锁的街道上。到 12 月底，几乎整座城堡都将会被拆掉。

柏林皇宫被炸

卡尔·李卜克内西创造历史的那个带露台的大门应该给后世留下。

民主主义者不需要城堡，共产主义者同样也不需要，虽然莫斯科十月革命成果的继承者在沙皇的克里姆林宫里也会感觉舒服至极。抑或罗马尼亚的共产党领导人尼古拉·齐奥塞斯库让人在布加勒斯特建造一座宫殿，意图努力使其超越欧洲所有的国王城堡，这让人实感尴尬。不，现代的社会，无论是自由民主还是被统治的蚁民，都真的不再需要城堡。但人们是否因此就该把这些现存的华丽建筑夷为平地呢？

处于东柏林苏管区的艺术创造者们于 1950 年达成一致：不！绝对不行！艺术家、博物馆工作者、文物保护机构以及科学院一致要求，将这座经受过两次严重轰炸，毁坏严重的柏林皇宫修缮完好。当然，他们中大部分都支持建立一个新社会，并希望为建设社会主义贡献自己的力量。但他们都没有把拆掉艺术珍宝视为建设新社会的前提。

建筑师汉斯·沙龙也要求修复这座城堡。这位经过专业学习的造船工程师是抛弃那种有着露天台阶和直角的普鲁士国家建筑形式的第一人。在 20 世纪

60 年代，他在波茨坦大街设计了柏林音乐厅和新国家图书馆这两座 20 世纪最具创新性的建筑。然而这位坚定的社会主义者只希望在有空余空间的地方建造新建筑，或者这些地方上的老建筑已经不可挽回地遭到毁坏。他从未自大到要破坏文化遗产。

无论从静力学、城市建设还是财政角度看，都不存在任何拆掉柏林皇宫的理由。从爆破工作三个多月的持续时间和所投入的 13 吨炸药量就可以看出，这座城堡还保有多大规模。几乎完好无损：地基、承重墙、楼梯间。好吧，也有损毁的地方。连接两个内部庭院的中部建筑有一半坍塌了，城堡上满目疮痍，内部的大部分房间也被烧毁。

而位于城西的夏洛腾堡宫则相比来说遭到了更为严重的破坏，但没有人想要将它拆除。现在媒体上流传着很多“被战争破坏的”城堡的黑白照片，其实这些都是在拆除期间拍下的，因此给人们留下了一个错误印象。其实在战争结束之后马上给城堡拍照是极为罕见的事。那时人们要操心的不是给建筑拍照，而是其他事情。

在20世纪40年代末，修缮城堡的花费预计为3000万马克，这不是个小数目。但这座建筑有 1210 个房间！而在当时这个城区面积被炸毁 70% 的城市中，人们急需住房。因此，忠于苏联的执政党德国统一社会党计划首先重建这座城堡，并把政府办公室和文化机构设在这里。1946 年，人们就已经在城堡暂时修缮完好的部分中开始举办展览和音乐会。人们展出了“现代法国绘画”，并将工艺美术博物馆的馆藏对公众开放。

1950 年年初，德国统一社会党党内突然出现了针对城堡未来自相矛盾的说明，第一次出现了拆除城堡的提议。东柏林市政府首先提出拆除城堡西侧建筑，紧接着在一份民主德国的政府声明中提出：“出于文化考虑，城堡西大门部分应当被保留，其余部分将被拆除。”

接着，国家和党主席瓦尔特·乌布利希就在 1950 年 7 月 22 日正式决定，城堡必须拆除！全部拆除！这位留着山羊胡子的矮个男人从政治立场的角度坚定认为，这座城堡是普鲁士专制主义的象征。他错得如此离谱！

这项拆除计划牵扯到很多建筑家和艺术家，如安德烈亚斯·施吕特、厄俄山大·冯·歌德、乔治·文策斯劳斯·冯·克诺贝尔斯多夫、卡尔·冯·贡塔德、卡尔·戈特哈德·朗汉斯、弗里德里希·威廉·冯·埃德曼斯多夫、彼得·约瑟夫·伦内、卡尔·弗里德里希·申克尔以及弗里德里希·奥古斯特·施蒂勒。他们都因其来自霍亨索伦王朝的委托人而受到牵连。所有这些艺术史上的明星都参与过这座城堡的建设。城堡就像一棵老树的年轮，这些建筑师在每个时代都添上各自的印记，并且美学的发展变化始终是记录时代变迁的最好方法。

城堡被炸并被清理掉之后，原来的位置上应该会建一座“共和国宫殿”——不，不对！这个想法是很多年之后才产生的。瓦尔特·乌布利希一开始希望建造一块阅兵场。1950 年夏，他宣布：“我们首都的中心、大花园和如今城堡废墟这块区域将变成一处展示场，这里可以展现我们人民斗争和建设的决心。”

一切都按照 1951 年 5 月 1 日大阅兵的计划准时完工。韦德什姆市场和老博物馆之间扩出了一块如锅底般平整的空地。在这块连棵草叶都没有的空地上，没有什么能妨碍工人们齐步行进。在原先城堡最古老部分的所在位置上，人们为党和国家领导人搭建了一个插满旗帜的巨大观礼台。整个看起来就像是纳粹纽伦堡党代会场地的翻版，只是很有成本意识。

虽然城堡已不复存在，但东柏林人希望在未来几年重建城堡的呼声一直不绝于耳。后来连瓦尔特·乌布利希都承认，也许拆掉城堡并不是最好的解决方式。

乌布利希的继任者，“共和国宫殿”的主人埃里希·昂纳克在 80 年代德国统一社会党的高层干部会议上说，他最想做的就是重建城堡。这并不是因为这位共产主义者在他晚年成了霍亨索伦王朝的爱好者，而是因为像其他人一样，他也认为，与“社会主义现代化”的混凝土相比，那些出手大方的西方游客更会为了历史上的华丽建筑而来一趟朝圣之旅。

00:47

德国，奇迹之国

赫尔穆特·拉恩踢进了成为世界足球冠军的一球

1954年7月4日的一分钟

斯蒂尔的一家小酒馆人满为患。在这个埃森工人居住区，赫尔穆特·拉恩只被人称作“老板”。就连在柜台前站着喝桶装进口啤酒的男人们都把他当作其中的一员。赫尔穆特·拉恩并不是他们工厂的老板，而是德国队的中场球员。

外面的街道空无一人。酒馆里所有人都目不转睛地盯着放在柜台后面架子上的收音机，就像他们能从那儿看到决赛画面似的。那时在整个德国也只有几千台电视机而已。

气氛极为紧张，大家神经紧绷。匈牙利队是绝对的种子球队。他们在预赛中以8比3的比分战胜德国队。现在他们也很快取得了领先地位：开场8分钟比分就已变成2:0。然而，德国队接着就用两次进球扳回了比分：莫洛克在第10分钟，拉恩在第19分钟。

距离比赛结束还有六分钟，比分仍然是2:2。收音机中响着解说员赫伯特·齐默曼刺耳的声音，明显还是老帝国广播学校里学的那一套：

> 足球世界杯每四年一次，但人们什么时候看过如此势均力敌、扣人心弦的决赛？现在德国队的舍费尔在左侧带球。舍费尔想传给莫洛克，但被匈牙利队拦下。博日克，还是博日克，匈牙利队的右前锋得到了球。他丢球了，这次是舍费尔抢到的，舍费尔向内侧传球……头球……被防下了。后面上来的拉恩必须得射门……
>
> 拉恩射门！球进了！球进了！球进了！球进了！德国队进球了！

伴随着解说员每一声“球进了”的呐喊，人们的热情不断高涨，并最终在酒馆内爆发出来。工人们的欢呼声传到街道上，与来自上千家其他酒馆、厨房、房间、派出所、医院的激情呐喊混合在一起。接着一片寂静。还剩四分半钟，现在伯尔尼不能发生任何意外。最终收音机中高呼：

结束了！结束了！比赛结束了！德国是世界冠军！

20世纪50年代，奇迹在西德是一个流行词汇。从来没有这么多的天主教教徒到法国小城卢尔德朝圣。几乎每天都有从德国火车站发往法国南部的专列，火车载着信徒，他们中很多是希望得到康复的病人。同时，从弗伦斯堡到加米施的德国人把他们生活水平的快速提高（这体现在大众“甲壳虫”、腰子形小桌和去意大利度假上）归结于独一无二的“经济奇迹”。而最终，西德国家足球队也成了世界冠军。人们很快就把这场决赛称作“伯尔尼奇迹”。

所有这些奇迹都说明什么？对于卢尔德的圣母马利亚显灵我在这里不想加以评论。首先，与圣母马利亚显灵有关的贝尔纳黛特·苏比鲁主显节不是从50年代才开始举办，而是在19世纪就有了。然后，我本人就是个天主教教徒，信仰那些被同时代人视作老古董的东西。这里不是给读者解释那些东西的地方。

所有那些从60年代中期开始在西德上中学的人都曾一度相信“经济奇迹”。自豪的老师们会对学生说，西德人都非常勤劳和自律，因此经济才会繁荣，收入才会增长，才会有充分就业和集体富裕！

直到最近，历史学家们才开始挖掘促成这个奇迹的真正成因。他们说，在国家社会主义时期，德国人建立了一个高效战时经济体。命令和服从、强制劳动和对被占领邻国的经济剥削对此起到了十分重要的作用。

这种结构在第二次世界大战结束后不可能就这么简单地消失不见。尽管遭受的破坏相当严重，但还是有很多东西可以延续下去，就像之前的“喜生力汽车”变成了“甲壳虫”，法本公司变成了爱克发和赫斯特，在鲁尔区浇筑的钢铁不

赫尔穆特·拉恩

再用于制造坦克和大炮，而是用来建造全世界的高楼和轮船。

与此相反，领导阶层却不曾发生改变。在 20 世纪 50 年代的工业家和高层经理人中，前纳粹党成员的比例可以说是高于平均水平的。但就像之前说的，这只是今天部分历史学家的观点。您当然可以继续信仰经济奇迹。我本人对此的态度和对卢尔德奇迹没什么两样。

现在我们来谈一谈“伯尔尼奇迹”。这座富裕的瑞士联邦城市作为福地在此之前并不起眼，但现在很多著名历史学家都认为，“联邦共和国真正的诞生地”就是在这里。稍等一下！这只是场足球赛而已，难道不是吗？

后来的德国足球联盟主席、巴登—符腾堡的联盟政治家格哈德·迈尔—福费尔德在回忆 1954 年的那个夏天时说道：“那时人们有种再次被人接纳，再次获得尊重的感觉，这种感觉很棒。”

伯尔尼万克多夫体育场的球迷们在颁奖仪式上唱起德国国歌。他们唱道："德意志，德意志高于一切。"这是《德意志之歌》的第一节。虽然德国议会在不久前刚刚决定，只应该唱第三段歌词——"统一、公正、自由"，但这一决定还没有正式公布，不能指责他们不知情。

然而，纳粹政权倒台后不到10年，众多德国人就在国外高喊"德意志，德意志高于一切"，这有些固执无礼，并且无论如何也不会被外人所理解。"我们又是个人物了"——人们之后用这句话来表达当时心中涌起的情感。这里面似乎缺少一种情感。宪法、民主、人权，这些固然很好，但如果没有集体的感觉，没有那种让人身为德国人引以为傲的东西，一切又有什么意义呢？

对于很多人来说，空气中充满着觉醒的氛围和对未来的乐观态度。没人真的准备深入探究国家社会主义的罪行。当邻居消失并再也没有出现的时候，也没人后悔对此视而不见。但这无论在多少年后都是让人不快的事。现在这一切负担好像忽然被风吹走，并且人们终于不用再认为只有美国的东西才是好的。"德国品质"也再次被人重视。"团队精神、融入集体、勤劳、对胜利的信心和纪律性，尤其是纪律性。"当时的国家队教练泽普·赫贝格尔曾如此描述民族美德。

这只是一场足球比赛！真的！但这里的"只是"是什么意思呢？足球在这里代表一种宏大情感，是政治上的吗？不是，但也可以说是。足球在当时和现在都意味着带着激情进入体育场，而不是呐喊着进入战场。不像角斗士的决斗，足球代表公平的比赛。足球中的取胜欲望取代了杀戮的冲动。它是和平爱好者们的竞赛。

也许有人会觉得这种激情太过火，我会对他们说：2006年的世界杯的确是释放激情的理由。如果有谁认为，在2006年的夏天，来自世界各地的人兴高采烈地相聚在德国这件事是理所当然的，那他肯定不了解这个国家的历史。这种人也就无可救药了。

00:48

法棍面包还是小面包卷？

萨尔并入联邦德国后，萨布吕肯升起德国国旗

1957 年 1 月 1 日的一分钟

自秒针跨过午夜 12 点那一刻起，萨尔就属于德意志联邦共和国了。萨布吕肯、圣英贝特和萨尔路易的居民都在祝贺“新年快乐”。其中 2/3 的人，尤其是“故乡联盟”的成员，还有另一个庆祝的理由。在 1955 年 10 月举行的全民公投中，他们支持萨尔成为联邦德国领土，反对由欧洲管辖。

那些还能生动回忆起 1935 年相似情况的老萨尔人，这次在他们的村子里再次选择了“归属德国”。即便法国法郎还要作为这里的货币被用上几年，而且莱茵兰——普法尔茨与萨尔的边界仍由法国海关控制，但他们现在应该归属德国。

人们在这个元旦期待着联邦总理康拉德·阿登纳的到来。他从联邦首都波恩乘专列来到这里，参加了一个在萨布吕肯城市剧院举办的节日活动。他曾对萨尔的政治未来有其他设想。他本希望萨尔人会接受“欧洲萨尔章程”，但是伴随着路德维希·范·贝多芬的音乐，他将这一天称为“举国同庆的日子”。不久后，城市剧院就更名为“国家剧院”。

首先是要升起那面黑、红、金三色旗！在干燥无冰的 1 月这天，几位身着深色冬季大衣的先生聚集在古典主义风格的州长府前举行升旗仪式。在上一任亲欧政府下台后新上任的萨尔州总理胡贝特·耐登上了一个简陋的木质讲台。讲台被一块黑红金三色相间的布包裹着。

马上人们就会升起联邦共和国国旗，旁边一同升起的是西德第十个联邦州萨尔州的新旗帜。现在，萨尔河畔的人们终于确定无疑地感受到自己是德国人了。

萨尔州州徽

萨尔历史学家格哈德·保罗在1989年写道：“萨尔最近的历史受到下列因素影响：一是萨尔发展成为欧洲重要的工业区之一；二是民族问题。这两个因素近150年来控制着人们的要求和期望。相比之下，对民主的兴趣反而居于次要地位。”

自拿破仑在1800年前后靠武力征服当时德意志独立地区的松散联盟起，民族问题就成了很多德国人政治诉求的核心。萨尔河畔地区在公元800年前后是查理大帝法兰克王国的中心，随着法兰克人的后裔——法国人和德国人的各自不断发展以及他们对各自民族利益的定义，这一区域就成了民族冲突的焦点。

1815年维也纳会议将萨尔大部分地区都划归普鲁士。第一次世界大战后，萨尔被交由联合国的前身——国联代为管理，深受法国影响。直到1935年，阿道夫·希特勒在大费周章的宣传下举行了一次全民公投，照国家社会主义者的话说，公投的目的是使萨尔“重归帝国怀抱”。

萨尔在第二次世界大战之后的去向问题，起影响作用的不仅是国旗国歌，更重要的是煤炭和钢铁。作为一直以采矿冶金工业为经济基础的经济体，德国和法国都渴望得到当地的矿井和冶金厂。

1945年后第一任萨尔政府首脑约翰内斯·霍夫曼既不希望萨尔归属德国，也不希望它归属法国。这位基督教民主党人在1941年为了躲避纳粹逃到巴西，1947年被法国占领者请回来，他认为民族国家消失的时代已经到来。他的第一任政府成员中的大部分人或是流亡者，或来自收容所。当他们回忆起1935年“重归帝国怀抱”的那种喜悦时，心中满是恐惧。

霍夫曼说：“我们的未来叫作欧洲。”按照他的设想，萨尔会成为一个欧洲特区、一个欧洲共同机构的中心、一个德法贸易枢纽。

联邦总理康拉德·阿登纳也谋划出一个在欧洲层面解决“萨尔问题”的方案，他提倡建立一个“国际萨尔机构”，来缓和法国和新成立的联邦德国之间的冲突。法国外长罗伯特·舒曼和顾问让·莫奈提议在萨尔成立一个“欧洲煤钢共同体”。这个“煤钢联盟”在之后真的得以实现，并构成了今天欧盟的雏形。但萨尔河畔的直接问题却无法以这样的方式解决。

因此，在1952年秋天，一个第三方参与者提交了一份修改方案。荷兰人马里纳斯·凡·纳特斯希望萨尔由一位欧洲委员管辖。几番争论之后，法国和波恩阿登纳政府都支持这个方案。不同于在帝国时期，社会民主党如今表现出极重的民族意识，严厉谴责萨尔背叛德国，归属法国。自由民主党则建议干脆从法国手里买下萨尔，就像美国外长威廉·亨利·苏厄德从沙俄手中买下阿拉斯加一样。然而以波恩的财政状况来说，买下萨尔，国库还远远不够。

人们最终一致同意将萨尔变成欧洲的萨尔，但条件是要征得多数萨尔人的同意。这个全民公投是法国要求的。不久后，选战开始。基督教民主党人阿登纳在波恩呼吁萨尔人为欧洲萨尔投票，而在萨尔河畔的基督教民主党却与社会民主党以及再次壮大起来的国家保守主义者联合起来组成“故乡联盟”，他们从国家角度尖锐抨击“萨尔的独立国家地位”。他们成功了。在这次公投中，67.7%的人反对成为欧洲萨尔。这意味着他们都投票同意加入联邦德国。对此，法国也不愿再做抗争。

如今在德国，几乎没有人会去质疑民族国家，欧洲联合的喜悦也都消失殆尽。“布鲁塞尔”已经成为僵化官僚主义以及问题重重的平均分配政策的代名词。在未来几年中，不会出现任何其他除民族国家外的现实选择。反对民族国家将是完全不切实际的。

然而我们今天所认识的国家，在任何时代都是实现民主的唯一选择吗？我在一个网络论坛上看到了一段话，将其精简如下：

> 我是拉特龙（网络论坛名）民主联盟的公民。在那里我是拉特龙自由民主党主席。如果您有兴趣，就到拉特龙上看看吧！
>
> 祝好！
>
> 安德烈亚斯·B

现在有很多这样的网络共和国，到目前为止，这当然只是个游戏。然而几乎没有人想过，世界网络在未来能够通过互联网使民主自决成为可能。由奥地利宪法专家乔治·耶利内克提出的“三要素理论”是每个法学系学生都熟知的，按照这个理论，所有国家都是由“国民”“国家权力”以及“国家领土”三部分构成。在这个理论产生的年代，民主投票还需要通过武力保障才得以进行。时代是会变化的。

即便是萨尔也已今非昔比。具有传奇色彩的弗尔克林冶金厂已被关停；煤炭和钢铁对于我们如今的经济来说已无关紧要，并且需要国家上亿元的补贴。萨尔地区成了欧洲经济薄弱地区之一。萨尔的邻居，卢森堡大公国采纳了约翰内斯·霍夫曼的想法，建立欧洲共同机构，成为贸易枢纽。卢森堡目前的人均收入不仅全欧最高，而且位居世界之首。萨尔归属了德国却失去了欧洲。

00:49

周日乡间

联邦总理康拉德·阿登纳会见法国总统夏尔·戴高乐

1958 年 9 月 14 日的一分钟

这正是法国人喜爱的风景。虽然法国人为巴黎和它的艺术珍宝感到十分骄傲，但他们还是想要在一个星期日的下午到“法国深处”去——这是人们对法国乡村地带的爱称。洛林这里的地势微有起伏，宽广的田野给人开阔的视野，让人有时能远眺到一小片混交林。在这之间点缀着几座朴素、原始的村落，村中坐落着用浅色乱石搭建的教堂。

这样风景中的一个小村子，也正是几个男人要去往的目的地。他们坐在一辆宽大、挂着德国车牌的黑色梅赛德斯 300 中，呼啸着行驶在上马恩省的狭窄道路上。这是联邦总理康拉德·阿登纳的公务车，他与法国总统夏尔·戴高乐约好在后者位于科隆贝莱斯–德埃格利塞的住所会面。这是两位国家元首的首次会面。同在车里的只有德国外长冯·布伦塔诺以及司长卡斯滕斯。

人们在波恩喜欢背地里称这位联邦总理为“老头儿”。此时，“老头儿”对周日的这次郊游毫无兴趣。他从度假地科默湖赶来，中断了他到莱茵兰巴登巴登的回程旅行计划，只为去见一位被他视作国家主义者和德国敌人的男人。他希望这次拜访能够尽可能简短且不引人注目。然而在途中阿登纳获得很多惊喜，因为这里的村民都认识这位总理，要知道在 15 年前，两国还是战争对手，并且所有人都非常友好向他表示问候。

当梅赛德斯到达戴高乐在科隆贝莱斯的住所“拉瓦布瑟里”前院时，车轮压过碎石发出咯咯声。这是一栋宽敞的两层乡村别墅，墙上爬满常春藤，左侧有座小塔。房子前有一大片修剪过的草坪，草坪后面就是一片小树林。宾客犹豫一下，下了车。身材高大的主人迎面走来。他友好地用德语问候：“您好，总理先生。”

有些时候，隔在两个人之间的寒冰会突然融化。而当两个水火不容国家的政治家之间的寒冰融化时，有时这就会成为两国和解，重新开始的契机。这个周日在科隆贝莱斯—德埃格利塞乡下的会面，就是这样一个罕见时刻。而且这个下午也并非毫无成果。就在不到五年后，两国就在巴黎签署了德法合作协议。这份名为《爱丽舍条约》的著名文件为两国政府未来的定期会面和商讨铺平了道路。如今这已经成了理所当然的事，但在依然敏感的战后时期，这是大而艰难的一步。

这位来自莱茵兰的联邦总理对于前将军夏尔·戴高乐当选法国总统一直持怀疑态度。阿登纳曾在亲信圈子里嘲笑这位法国人有自大情结，并对美国大使大卫·布鲁斯公开表示，他从没想过“到巴黎朝圣”，意思就是：他不愿像圣坛前的可怜罪人一样对这个他认为专横跋扈的最高统帅卑躬屈膝。

然而现实是德语问候、主人的诚挚以及在总统漂亮的乡村寓所中亲切而又放松的氛围。阿登纳和戴高乐决定，干脆把几个随从派到下一个城市肖蒙观光去。部长、大使和国务秘书得到指令，在晚饭前不要回来。接着，德法两位国家元首回到书房。只留一位翻译在旁边，但他只是偶尔发挥作用。戴高乐和阿登纳都有足够的德语和法语知识，能够理解对方的想法。

在这间挨着花园的舒适房间里，在书架之间，二者的谈话在翻译的记录和两位国家元首的回忆录中被详细记载下来，虽然这几份记录有所出入。然而确定无疑的是，阿登纳对这个法国人的看法在这次从下午 4 点到 6 点半的两个半小时谈话中完全改变：从深刻的不信任到彼此产生好感，从疏远到真诚相待。人们可以毫不夸张地确定，到晚饭前，德法之后半个世纪的政治发展轨道就已被确定下来。

当时并没有什么日程安排，就像戴高乐所说的，大家只是在进行“人对人”的谈话。阿登纳在向前摸索。他认为，欧洲必须团结起来，这样才能在除了美国和苏联这两个超级大国之外争取一席之地。苏联对他来说早已不是社会主义

联邦总理康拉德·阿登纳

社会，而是一个“亚洲独裁政权”。

戴高乐总统一开始就向阿登纳保证，法国不仅不再把德国当作一个威胁，更是将西德视为法国的理想伙伴。两国应该成为统一欧洲的先驱，这个欧洲也将包括波兰、捷克斯洛伐克、匈牙利和罗马尼亚，并且这个由六个国家组成的欧洲还仅仅是个开始。这个想法让阿登纳大为吃惊。

法国戴高乐的这个愿景对阿登纳来说太过宏大，但他对德法建立紧密合作关系的想法充满热情，原因很可能主要在于新联邦德国获得的地位提升，尤其是这样一个还承受着战争恶果和国家社会主义沉重负担的国家。戴高乐总统已经准备好一份声明，他想在这次会面之后就发布出去，声明中说：“我们相信，过去的敌对关系要被一次性彻底消除，法国人和德国人应该和谐共存、并肩协作。”

这次会面之后，阿登纳满心欢喜地返回波恩。德法之间的利益分歧依然没有改变：德国希望建立一个有着强大共同机构的欧洲共同体，而法国绝不会放弃民族国家身份；德国希望取得全部国家主权，法国则坚持保留联盟对德国的控制权；德国支持以美国为首的强大北约，法国却希望退出跨大西洋联盟并依靠自己的核武器。所有这些争论点都依然存在，但人们已经准备进行对话，谋求共同的解决方案。并且这种对话是经常性的面对面交流。这才是关键。

00:50

“我只是一件工具”

阿道夫·艾希曼在阿根廷被捕并被带往以色列

1960年5月11日的一分钟

这个男人自称里卡多·克莱门特。一如往常，他早上告别妻儿去上班。这座房子位于圣费尔南多港的加里波第街，即布宜诺斯艾利斯的一处不起眼的郊区。他坐上停在房前的一辆梅赛德斯，觉得自己在阿根廷生活舒适而安全。在短暂的车程后，他将坐在阿根廷戴姆勒—奔驰的贡萨莱斯卡坦卡车厂的办公桌前。他在那里的上级叫莫恩，是前德国军官，莫恩认为他守时、勤劳、廉洁。克莱门特晚上再也没能回家。5月22日当地时间7点35分，他将搭乘一架以色列航空公司的班机降落在以色列。里卡多·克莱门特的真名叫作阿道夫·艾希曼，1945年之前，他是纳粹党卫军中校以及党卫军帝国安全部第四部门B4的负责人。

阿根廷戴姆勒—奔驰总经理威廉·莫塞蒂第二天就把雇员克莱门特的退休保险永久注销。莫塞蒂是美国中央情报局的老员工了，他了解克莱门特，也就是艾希曼的一切，知道在他身上发生了什么。坐在斯图加特戴姆勒—奔驰董事会里的是前纳粹党卫军少尉汉斯·马丁·施莱尔，他也知道一些大部分德国人都不知道的事，而莫塞蒂也知道其中一些。在波恩，对纽伦堡《种族法》做法律评论的作者汉斯·格洛布克现在担任总理府国务秘书。艾希曼知道很多格洛布克的事。美国中央情报局承诺，不会向德国公众公布这些事。

洛塔尔·赫尔曼是身体羸弱的男人。这位社会民主党人在纳粹德国被视作“半个犹太人”，并被关进了达豪集中营，在那里，他遭受了残酷虐待。1945年后，他移居到阿根廷，他的女儿在那里认识了阿道夫·艾希曼的一个儿子。从那以后，

阿道夫·艾希曼

赫尔曼就知道艾希曼的下落了。赫尔曼把这件事告诉了黑森州首席检察官弗里茨·鲍尔，鲍尔则通知了以色列政府。之后赫尔曼就联系上了莫塞蒂。

赫尔曼和朋友们制服了艾希曼。他们把他带到乌拉圭，并在那里把他藏了十天。接着他们带他去了埃斯特角城国际机场，把他送上一架以色列航空公司的飞机。

党卫军国家安全部是在 1939 年 9 月第二次世界大战爆发后，由“党卫军全国领袖”海因里希·希姆莱亲手建立。在这个位于柏林威廉街的机构中工作着党卫军安全警察和安全部的 3000 名员工。如今这个机构的建筑遗迹已经成为“恐怖地形图”纪念馆的一部分。国家安全部的任务是，对所有在德意志帝国以及德国占领地区内被纳粹宣布为敌人的人采取军事行动。

阿道夫·艾希曼是索林根一个会计的儿子，他在希特勒上台前就加入了纳粹党和党卫军。1934 年 10 月，他自愿进入臭名昭著的党卫军安全部。在这个后来的帝国安全部里，他接受上级赖因哈德·海德里希的委任，负责将犹太人逐出德国的组织工作。

1941 年起，艾希曼开始担任帝国安全总部的领导，全权负责策划和执行将 1100 万欧洲犹太人驱逐出境的计划。1942 年 1 月 20 日，他参加了万湖会议并做了会议记录。艾希曼不仅负责将犹太人送进集中营，还定期巡视所有大型集中营。他在那里观察屠杀犹太人的过程，从而能在他柏林的办公桌前对这个屠杀程序进行优化。

第二次世界大战结束后，艾希曼一开始被美军逮捕。然而不知用什么方法，他成功地从关押战犯的拘留所中逃了出来。接着隐姓埋名在吕讷堡草原藏了五年。1950 年，他成功移民阿根廷。所有的这些行动都有赖于由前纳粹党卫军成员和德国各界民众中的同情者所组成的有效网络。

艾希曼充满自信地用里卡多·克莱门特这个名字出现在他的新故乡。在阿根廷生活着很多前国家社会党人。不久后，艾希曼就在新成立的戴姆勒—奔驰卡车厂找到工作。这个斯图加特公司的董事会中有三名前纳粹党以及党卫军成员。公司在阿根廷投资了近 1000 万美元（如果按今天的购买力算差不多是 10

亿欧元）。这些钱来自戴姆勒－奔驰“二战”期间在瑞士的存款，但这些资金的初始来源却没有对公众公开。

西蒙·维森塔尔是维也纳受纳粹政权迫害犹太人记录中心的负责人，他的一个朋友在1952年就从阿根廷给他写信说：“我看到那个卑鄙的恶棍艾希曼了，他就住在布宜诺斯艾利斯附近。”然而一开始，以色列政府、世界犹太人大会、美国中央情报局和奥地利政府都没有积极对待维森塔尔的情报。

直到八年后，阿道夫·艾希曼被捕的真正原因也没有完全公开。在这里我想强调，本书中的描述依据的是德国记者加比·韦伯所做的调查，她在进行了多年调查工作后于2006年将成果出版成书。

根据长久以来的传说，是以色列情报机构——以色列情报及特殊使命局摩萨德在阿根廷追踪到了艾希曼并将他劫持，然而以色列政府方面从未证实这个说法。但摩萨德的几个前特工在几年后的回忆录中对劫持艾希曼的行动大肆吹嘘。他们把整个事件描写得像部侦探小说，然而很多地方都自相矛盾。比如，回忆录中说艾希曼是乘坐一架直飞航班从布宜诺斯艾利斯被带到以色列的，但当时以色列航空使用的飞机不可能一次性飞行这么长的距离。摩萨德很可能是在埃斯特角城才接到艾希曼。

相反的是，对阿道夫·艾希曼的审判过程则被详细记录下来，审判从1961年4月11日到15日在耶路撒冷的地区法庭进行。上百名集中营幸存者都出庭做证。国际媒体对此反响强烈。德国每天的相关新闻报道使更大范围内的公众第一次了解到国家社会主义罪行的细节。德国的年青一代越来越多地意识到，他们的父辈承担着怎样的罪责。

从1963年到1965年在法兰克福进行的“奥斯维辛审判”则继续并加深了年青一代对“二战”罪恶的认知过程。对纳粹政权战犯的审判是由黑森州首席检察官弗里茨·鲍尔促成的，他也参与了逮捕阿道夫·艾希曼的行动。

阿道夫·艾希曼最终被判处绞刑，判决由上诉庭通过，并于1962年6月1日执行。这一刑罚在以色列这个中东地区唯一的自由民主法治国家中至今只执行过这一次。

艾希曼在审判中承认自己丧失人性，但认为自己在法律上无罪。他认为自己按照当时的工作规定正确地完成了他在帝国的全部任务。“我只是更强大的权力和力量手中的一件工具。”他在总结陈词中解释道。他只是在服从集体，并相信是在达成集体意愿。他不觉得，人们可以让单个个体去承担这个责任。

00:51

向着墙

彼得·费希特尔在柏林墙边被民主德国边界守卫射杀

1962 年 8 月 17 日的一分钟

他到了墙边，并站在那里一动不动。彼得·费希特尔受到惊吓。他们开枪了。他手足无措。他只有 18 岁从未上过前线打过仗。但他们还是继续射击，差点打中他。“快跑啊！”他的朋友赫尔穆特·库尔拜克大喊道。那堵墙只有两米多高，并且是用粗糙的空心砖垒成。“现在快跑，过来！”库尔拜克向朋友大喊。但费希特尔只是站在那里，一动不动，一声不吭地盯着那堵墙。库尔拜克往墙上高高一跃，向上爬去，挤过缠在钢筋上的铁丝网。“过来！”他又喊了一遍。接着就跳到了另一边。他们又开枪了，他们用步枪朝彼得·费希特尔射击。子弹穿过身体，他倒下了。

彼得·费希特尔和他同龄的朋友赫尔穆特·库尔拜克都是泥瓦匠。他们刚刚参与将一座威廉二世时期的华丽建筑改建为民主德国国务委员会大楼的工作。他们从 5 月就开始计划逃出东柏林。他们的家人都不知情。苏占区和西方占区的边界地区从 1961 年 8 月 13 日开始就被墙和铁丝网封锁了。边界守卫从民主德国党和国家领导人那里得到命令，射杀所有想要越过边界的人。费希特尔和库尔拜克在美军查理检查站附近的齐默街旁发现了一个地方，从这里似乎很容易就能翻墙而过。他们从一家家具作坊的窗户里跳出来，越过铁丝网，朝墙跑了 20 米。

中午 2 点 15 分。彼得·费希特尔在墙边蜷缩着，他背后的沙地已被鲜血浸透。“救命！”彼得·费希特尔叫道。“救救我！”东侧聚满了人，边界守卫正在驱赶他们。西侧出现了警察和记者，他们爬上梯子，给费希特尔照相。一个警

彼得·费希特尔

察扔给他一卷纱布。“救救我吧！”半小时过去了。“不关我们的事。”查理检查站的一个美国士兵说。西柏林人愤怒异常。“凶手！”他们朝东边喊道。“快救救他！”他们用命令的语气对警察和美国兵喊道。无济于事。在漫长的45分钟后，民主德国的边境守卫抬走了彼得·费希特尔。他失血过多而死。

在柏林波茨坦街国家图书馆一层入口楼梯的尽头，挂着一个铜质纪念牌。在这块细长的长方形铜牌上刻着法语：“柏林的自由，也是我们的自由——瓦莱里·吉斯卡尔·德斯坦，1979年10月29日。”就像对待所有纪念牌一样，几乎所有人从旁经过时都未曾留意它。当我在写书时，我总会在这块挂在粗糙混凝土墙上的小金属板前驻足。多好的一句话！“柏林的自由也是我们的自由。”这是一位法国总统说的。

这句话的意思是：人权不可操控。人权不属于国家“内部事务”，国家无权决定个人生存权。裁定一个18岁青年可以实现哪些人生梦想，不可以实现哪些梦想不是国家该做的事情。同样，政治的意义也不是在人们之间建造一堵墙。

从1961到1989年间，身处法、英、美占区的柏林人很幸运，他们在西方世界的所有朋友都从柏林的自由上看到了他们自己所拥有的自由。瓦莱里·吉斯卡尔·德斯坦、爱德华·希恩、詹姆斯·贝克以及其他许多人都不愿屈从这样的现实：在欧洲，想要从城市中的一条街走到下一条街的人会被射杀。

当彼得·费希特尔在1962年8月17日的正午阳光下，躺在柏林墙边的血泊中时，没人觉得自己应该为这个18岁泥瓦匠的自由负责，尤其是那些担任政府职务、穿着制服、负责维护权利和秩序的人。东西两边的柏林人，那些站在路上的老百姓，本会出于人性毫不犹豫地帮助彼得·费希特尔，给他止血，并尽快将他送进医院。但那些穿着制服的男人，却用无线电和步枪、用钢盔和吉普车，阻止人们做这些事。

很多民主德国的边界守卫就跟彼得·费希特尔一样年纪。他们害怕，他们应该射击，即使面对站在那里一动不动手无寸铁的人。这是他们的长官用时而友好，时而严厉的口吻一遍遍要求他们做的事情。违抗命令的后果每个人都想象得到：不光彩的开除、诉讼，在非人的条件下受到监禁，而且其他家庭成员会一同受罚，就像在纳粹时期一样。

而西边也会派狙击手射击。就在三天前的 8 月 14 日，民主德国年轻的边境士兵鲁迪·阿恩斯塔特就在“区域边界”被联邦德国的边界狙击手射杀。当彼得·费希特尔祈求帮助时，西柏林警察却将枪口对准了墙东边的边界士兵和人民警察。由图片记者沃尔夫冈·贝拉拍摄的，民主德国“武装部门”抬走彼得·费希特尔的照片在世界上广为流传。在照片的最右边可以看到一个边境守卫，他几乎和这个流血而亡的青年一样年轻。他脸上流露出恐惧和不加掩饰的恐慌。对他来说这也是地狱的场景。

美国人也很害怕。他们喜欢用冷静的话语掩盖自身的恐惧。但他们害怕会发生一场新的战争。第三次世界大战会带来比之前所有战争都更难以想象的破坏，因为这将会是一场核战争。美国、苏联以及各自的盟友当时拥有的武器，可以在几小时之内将地球上的所有人类都消灭掉。政治家们很清楚：如果第三次世界大战到来，肯定是在柏林爆发，因为在这座城市，东西方军队直接对峙。

当彼得·费希特尔在各方注视下行将死去之时，查理检查站的士兵给他们在里希特菲尔德美军总部的最高统帅阿尔伯特·沃森将军打了一通电话，禀报说有人试图越过美占区边界的墙，现在身受重伤躺在墙东边。我们应该怎么做？什么也不做，将军回答：“Stand fast, Do nothing。”

这是权衡利弊的结果，是一位军官做出的专业决定。死一个人总比冒着牺牲更多人的风险要强。宁可什么都不做的太多了。对于那些感觉战争一触即发的人来说，一个人因这堵墙而死，总好过上百万人在核战争中死去。

最终连西柏林警察也无所适从。他们被禁止越过柏林墙地带。如果他们无视这一禁令，民主德国的边界守卫会将他们枪杀。警察毕竟只是个工作。相比他们的微薄薪水，不断拿生命冒险实在不值得。美国人应该做点什么！东德守卫不能向西方联盟射击，东德国家人民军和人民警察肯定不敢这么做。虽然他们是一帮乌合之众，但毕竟是在东边！西德警察举枪瞄准，他们很想回击。但他们不能这么做。

彼得·费希特尔不是第一个因这堵墙而死的人，也不会是最后一个。连他

彼得·费希特尔被抬走

死亡的情形也早有先例。早在1961年12月9日就有一位名叫迪特·沃尔法特的学生在施达肯的柏林墙地带被边界守卫击中，一个半小时后，他在无人救助的情况下在铁丝网中流血而亡。因为当时没有照片，媒体也就无法将这件事传出去。由于事件被照片和录音记录下来，彼得·费希特尔成为最有名的柏林墙死者。直到今天，他仍然是柏林墙下众多死者的代表。

“柏林的自由，也是我们的自由。”人们从未停止相信，自由意志最终会战胜制造分裂的高墙。他们是对的。

00:52

“纳粹，纳粹，纳粹！”

克拉斯费尔德给了联邦总理格奥尔格 · 基辛格一记耳光

1968 年 11 月 7 日的一分钟

她是一位十足的贵妇。29 岁的她身穿带有白色配饰的高雅礼服，一条时髦的白色头巾松垮地系在下巴那里，这正符合当时的潮流。她精心梳理过的秀发在下面露了出来，显得娇小可爱，从她深色眼睛中流露出近乎羞怯的眼神。她是得小心，因为她是闯入者。她潜入一只“怀孕的牡蛎”腹中——西柏林人如此称呼由美国人创立的国会大厅。今天，在基督教民主联盟（以下简称基民盟）联邦党代会的最后一天，她要发出一个信号。

贝亚特 · 克拉斯费尔德想向那个男人走去。他靠桌站在讲台上，签着亲笔签名卡。他是一位十足的绅士，60 岁出头，银灰色的头发整齐地梳向后面，身穿深色定制西服，白衬衫，领带朴素低调。这位基民盟的党主席兼联邦政府总理在全世界所有首都城市都树立了一个良好形象。姿态端正，举止无可挑剔，笑容洒脱而又亲和力十足。

“打扰一下，我也想要一份总理先生的亲笔签名。”贝亚特 · 克拉斯费尔德向讲台前下方的大厅警卫礼貌地说道。警卫们打量了一会儿这位长相标致的贵妇。半年前的波恩联邦议会上，她曾在总理讲话期间在到访者看台上起身怒吼：“基辛格，纳粹，下台！”直到国会工作人员将她带走。但对这一切，柏林的安保人员却毫不知情，他们让这位年轻的女士进去了。

联邦总理库尔特 · 格奥尔格 · 基辛格喜欢受人瞩目，他耐心地在有他画像的明信片上亲笔签名。贝亚特 · 克拉斯费尔德从后面向他靠近，几乎没被他察觉。当总理转向她，二人相对而立时，贝亚特 · 克拉斯费尔德用手掌打了总理一记

库尔特·格奥尔格·基辛格

耳光，并喊道：“纳粹，纳粹，纳粹！”整个过程，她一直保持着女士的风范。

“耳光事件”的第二天，贝亚特·克拉斯费尔德收到一捧50朵红玫瑰组成的花束，同时被判处一年有期徒刑并立即执行。玫瑰是后来的诺贝尔奖获得者作家海因里希·波尔送的。判决则来自一位柏林法官。在这一仓促立案的诉讼中，这位柏林法官确实果断地对贝亚特·克拉斯费尔德做出了判决。但是让我们从开始一件一件地说：首先，基辛格做了什么，才换来这一记耳光？其次，贝亚特·克拉斯费尔德又是什么人？

1933年年初，纳粹们举着燃烧的火炬齐步穿过勃兰登堡门，以此颇具象征性地表明，如今，在纳粹当权之后，民主也将走向尽头。火炬游行活动之后不久，法学家库尔特·格奥尔格·基辛格便加入了德国国家社会主义工人党，此时这位受到严格天主教教育的29岁的施瓦本人，与耳光事件之时的贝亚特·克拉斯费尔德正好同龄。没有人强迫他入党。对此，善意的传记作家们说道，人们必须理解这样一位总是看重和谐和政治均衡的人，一定也曾着迷于人民共同体思想。但他对希特勒本人其实并无好感。

对此，基辛格曾说道：“我和来自天主教（学生）社团的朋友们认为，人们必须对这一发展施加影响，不论以什么样的方式。”每当人们提及他在纳粹主义中扮演的角色时，他总以此为论据。他说，他也曾参与阻止更加糟糕之事的发生。直到“二战”结束前，他一直担任德国对外广播电台的副台长，但他表示，他始终在努力使反犹煽动不至于太过火。

基辛格从未公开表达过忏悔之意。毕竟他曾经的工作是将大屠杀者的玩世不恭作为最纯粹的真理由德国向全世界宣扬。无论是作为巴登-符腾堡州的州长，还是在1966年当选为基民盟主席和社民党执政下的联邦总理，他都未进行过自我批评。

令海因里希·波尔愤怒的是，这样一个麻木不仁顽固不化的人竟能成为联邦总理，还在公开场合以一种“反抗斗士”的形象示人。“如果这样来理解反抗的话，那戈林和希姆莱也能算得上是反抗者了。”波尔斥责道。因为“在掌权的纳粹党派”内部肯定也出现过意见纷争，但这不能算作是反抗。“他带着由格拉茜丝绸制作的手套触摸一切，这样留下的指纹很少。”波尔这样描述基辛格这位宣传官。在广播电台大楼里，他手下有148名员工。他从未否认，他对在此期间数百万无辜的人遇害之事始终知情。

贝亚特·克拉斯费尔德出生于1939年，在柏林长大。与基辛格不同的是，她在上学期间以及1960年作为互惠生来到巴黎时，尚未听说过有关大屠杀的只言片语。直到她在巴黎结识了后来的丈夫泽尔热·克拉斯费尔德，了解到丈夫的父亲曾在奥斯维辛集中营因毒气致死，才获悉了真相。

“基辛格当选后，没有人谈及他的过去。一切都不为人知，或者说人们不想知道。”她后来说道。1967年，贝亚特·克拉斯费尔德在法国发表了一篇文章，批评基辛格过去的纳粹经历。她写道，基辛格不能成为德国人的好榜样。随后，她立即彻底辞去在德法青年工作室的工作。

不过她找到了终身使命。她要揭露隐匿的纳粹分子；她要发动公众，使纳粹分子不能逍遥法外。这一切工作从揭露基辛格开始，然而她最大的成就来得更晚一些：她同丈夫共同揭发了克劳斯·巴比这位“里昂屠夫”，或者是她促使库尔特·利施卡得以被审判，后者曾将76000人驱逐出法国。

贝亚特·克拉斯费尔德生活在危险中，因为还有很多人都对自己的过去有所隐瞒；也因为她到访过阿拉伯国家，在那里为以色列的生存权辩护。她曾收到过炸弹信，她的车还曾被炸飞到空中，但贝亚特·克拉斯费尔德依然继续她的事业。2007年，她逼迫德国铁路公司在旗下的所有火车站举行活动，反思帝国铁路公司在第三帝国期间在驱逐数百万犹太人方面所发挥的作用。

她一刻都没放松。她和丈夫一起成立了一家基金会，开展长期工作。在国外，她因责任心获得诸多嘉奖。在法国，她获得了荣誉骑士勋章。但在德国，却从未获得认可。“耳光事件”一年后，她的有期徒刑被转为缓刑，这已然算是一种认可。

2004年，斯图加特国家档案馆举办了以基辛格为主题的展览。耳光事件呢？是的，没错，这也出现在展览中，具体是在1968年11月8日图片报的第一版中，此版被当年民主德国的事件铺满，其中一件事在目录中是这样描述的：“这份文件证实，民主德国的领导层对贝亚特·克拉斯费尔德的公开露面起了决定性作用。”

在巴登—符腾堡州国家档案馆的同一份展览目录中，历史学家菲利普·加塞特写道：“如果说有些事情需要被解释，那就是出乎所有人的预料，基辛格没有利用纳粹掌权的机会在第三帝国干一番大事业，而是交了好运，进入外交部的广电政治部。然而，他在西德政治两极化、政治风向于基督教民主人士极为不利的情况下担任总理，则是走了霉运。”

不久前，贝亚特·克拉斯费尔德被问及，在当今的德国政治家中，是否还有让她想给一耳光的对象。她回答道：“没有，我曾经发誓，再也不会给任何人耳光，而且这一举动今天也不会再引起任何人的兴趣。”

00:53

“当语言无力时，人们做什么”

维利 · 勃兰特在华沙犹太人居住区的起义纪念碑前下跪

1970 年 12 月 7 日的一分钟

这些台阶光滑、潮湿、冰冷，由深色花岗岩组成，台阶很宽，以至于人们每走上一个台阶，要走两到三步才能到下一个台阶。台阶通向一面明亮、平整的石墙。这面墙位于广场中央，好似一块巨大的城墙残迹。在墙面中间位置的广场台阶上有一座铜质浮雕，展现出几个身姿英勇、身体虚弱、神情绝望的人体形象。墙上浮雕的左右两边各有一位持枪士兵站在台阶最高处。

这个广场荒凉空寂，远处环绕着一些灰色板材式高楼。这些高楼是最近几年才建的，代表着新华沙。过去的华沙已不复存在，它被彻彻底底地毁灭了。倘若城墙、浮雕和台阶四周没有那些稀松人群，广场将了无生气。没有商贩卖货，没有儿童嬉闹，没有音乐家演奏克莱兹默音乐。

在这个多云湿冷的早晨，聚集在华沙犹太人区起义纪念碑的人群中，许多记者引人注目。在台阶脚下和边缘处，到处都是穿着深色冬装的男人，带着照相机、电视摄像机和麦克风。更远处是一些穿着厚装的男男女女以及身着制服的军人，几乎所有人都戴着檐帽和便帽。

此时，一个人走出人群，上了台阶。他手里托着一个系有黑、红、金三色饰带的大花圈。他一直走到倒数第二级台阶，将花圈置于台阶的最高一级。他摆正饰带，后退一步，目光凝重。然后，他跪了下来，双膝着地。他跪到光滑潮湿冰冷的台阶上，头微垂，身体保持不动。照相机咔嚓声响成一片，人们都伸着脖子去看。那位下跪之人，便是西德总理维利 · 勃兰特。

“然后他就跪下了，”在华沙下跪事件发生几天后，汉堡记者赫尔曼 · 施

维利·勃兰特

赖伯如此描述这一情景，“一个没有必要下跪的人，为所有应该下跪而没有跪的人跪下了。”为何维利·勃兰特“没有必要”下跪？因为他并没有参与那些罪行。来自不同教育阶层的德国人都开始将男人女人和儿童枪杀，用毒气毒死，奴役或折磨致死，只因为他们来自错误的国家，有着错误的父母，向错误的神灵祈祷，支持错误的党派或者有着错误性别。而勃兰特并未参与其中；当来自不同教育阶层的德国人都认为，他们的国家太小，应该通过武力先统治欧洲，再统治整个世界来保全自己地位时，勃兰特并未参与其中；当来自不同教育阶层的德国人都想要无条件追随让他们必须“服从，服从，再服从”的人时，勃兰特并未参与其中。

勃兰特，1913年出生于吕贝克，1933年离开德国，他属于从社民党左派分裂出的一支社会主义政党，这一政党在纳粹刚掌权时便立即被取缔。勃兰特同党内同仁一致决定开展地下活动，铲除纳粹分子。他首先从挪威入手，在战争期间，他最终在瑞典开始从事政治和记者工作。以化名做掩护，偶尔也待在德国。德国占领挪威后，他曾短暂进入德国战俘营。倘若被纳粹分子发现，他很可能无法见证希特勒统治的终结。

既然勃兰特没有必要下跪，那他为何又要这么做？“总有人问我这个问题，”这位1971年的诺贝尔和平奖获得者在20世纪80年代末的回忆录中写道，“这一举动本身有什么故事？是不是提前计划好的？”他回答道：“不，不是计划好的。我亲密同事的惊讶程度不亚于那些在我旁边的记者和摄影师，也不亚于那些因没有什么期待而远远观望这一情景的人。”

这一天，联邦德国总理要在波兰首都签订一项条约，它将在勃兰特的缓和政策即所谓的东方政策的执行中，拉近西德同波兰的关系。敬献花圈其实只是礼节性行为。维利·勃兰特回忆道：“我没有计划任何事情，但当我离开下榻的维拉努夫宫时，我怀着一种心情，即一定要将这种缅怀的特殊性表现出来。处在历史深渊旁，承受着数百万受害者的重负，我做了当语言无力时人们会做的事。”

为何没有必要下跪的维利·勃兰特偏要选择在这里下跪？因为在“二战”期间，波兰遭受到大多来自德国纳粹的折磨和非常严重的死亡创伤。在今天的波兰领土上分布着数量最多的集中营。在战争结束前夕，希特勒在袭击了波兰地下民兵组织后下令将华沙彻底毁灭，15 万人在短短几天内被害。

在此之前，犹太人被侵略者更加残暴虐待和屠杀。华沙犹太聚集区在占领指挥官路德维希·费舍尔博士的命令下于 1940 年 10 月 2 日建立。整个地区的犹太人被迫搬入由士兵紧密封锁的城区。很快这里就有 50 万人不得不在没有充足食物和卫生设备以及几乎没有医疗服务的情况下生存。

在犹太聚集区建立的第一个两年半内，死亡人数就超过 10 万，其中许多孩子死于饥饿、寒冷和疾病。在 1942 年夏，有将约 32 万犹太人驱逐到特雷布林卡集中营。人们被鞭打着上了运输牲口的车厢，直到车上坐满人。随后便是持续数日的路途。紧紧挤在一起的人不停呼救，求水喝，呕吐，晕倒，死去。到达特雷布林卡之时，许多人已死去。在打开车厢之前，这些人的尸首无法倒向地面，而是一直靠在活着的人身上。即便是幸存下来，也会马上被毒气毒死。

1943 年春，在党卫军和警署长官于尔根·施特罗普的领导下，德国占领者决定解散犹太人区，并将剩余的约 7 万犹太人在华沙就地屠杀。这一决定受到区内一支秘密武装起来的犹太游击队的抵抗，从而引发了一场起义。最终侵略者凭借优势在 27 天的城市巷战之后将起义镇压下去。起义的几个首领均饮弹自尽，大多数年龄都是在 17 岁到 22 岁的青年男女。马雷克·埃德尔曼是这次起义中为数不多的幸存者，他在战后说道："这场起义关乎人们不愿被人屠杀的愿望，只是为了选择死亡的方式。"

那么在勃兰特下跪时，谁才是真正有必要下跪却未跪下的人呢？是那些大多是在较长时间的战俘生活后，又回归到原来的生活中去，曾在联邦德国事业有成，也曾经是参与战争和屠杀的人。然而，这些人并没有意识到自己的罪行天理不容。他们还说："维利·勃兰特的下跪是向东欧共产主义卑躬屈膝。"据阿伦斯巴赫民意调查机构 1970 年所做的民意调查显示，48% 的德国人认为勃兰特这一举动"夸张"，而在参与战争和屠杀的那代人中，持这一观点的人甚至占大多数。

00:54

不屈的信号

奥斯卡·布鲁塞维茨牧师在蔡茨自浇汽油，点燃法衣

1976年8月18日的一分钟

仅他的汽车就是一种挑衅。“新教瑞普夏教会”的黑色铅字印在旧式赭色瓦尔特堡汽车的前门上。在德意志民主共和国，通常只有国家机关和受社会统一党管理的机构有权在交通工具上题字、挂海报和张贴大型标语。而奥斯卡·布鲁塞维茨牧师从未注意过这一规定，于是便招来各方不满，包括当地政府部门、国家安全部以及教会管理机构。

越过砖石路面和尘土飞扬的土路，途经“二战”前最后一次修缮过的房屋，布鲁塞维茨乘着由两冲程发动机驱动的汽车由瑞普夏村驶往蔡茨市中心。这是一个阳光普照的夏日清晨，10点刚过，气温就超过了20度。奥斯卡·布鲁塞维茨今天起得很早，他在花园剪了一些玫瑰，把它们插在遍布牧师住宅内的花瓶中。他特别由衷地向妻子和两个女儿告别。他将大女儿埃丝特的轻型摩托轮胎的气放了，将轮胎阀门藏起来这样她便无法跟着他。

奥斯卡·布鲁塞维茨将“瓦尔特堡”车直接停在米夏埃利斯教堂前面，蔡茨新的步行区就从这里开始。许多人认为，民主德国的发展在走上坡路。德国社会主义统一党的总书记埃里希·昂纳克承诺迅速改善人们的生活条件。与“西方”相比，我们这边的境遇真有那么糟糕吗？布鲁塞维茨穿着黑色长袍，从车中拿出由两部分组成的标语横幅，把它放在显眼的车顶行李架上。刚开始，他将一半内容放错了，然后纠正了错误。他十分紧张。

无线电讯！无线电讯！

民主德国教会控诉共产主义！因为儿童和青少年在学校受到压迫。

越来越多的行人驻足。政治抗议？在民主德国中心？在秘密警察监控一切、反抗者会立即被逮捕的地方，这怎么可能？

钟声开始响起。布鲁塞维茨从车中取出一个装有20升汽油的奶壶，将汽油浇在自己的法衣上，然后他划亮一根火柴。

1975年的夏天，17岁的埃丝特·布鲁塞维茨拿到父母所期望的中学成绩单。无论是数学、物理或生物，无论德语、历史、音乐还是体育，成绩单的21门课上到处都是“优”。除了“优”，成绩单上没有其他分数。蔡茨的季米特洛夫高中也为这位来自瑞普夏的牧师之女提供了翔实的评价，“勤奋、持之以恒、卓越的思维能力，对现存问题的态度开放和对班集体的影响积极”，在整个蔡茨，她是遥遥领先于别人的优等生。

然而，埃丝特·布鲁塞维茨却被禁止参加高中毕业考试。她是班上唯一一个没有参加“社会主义成人礼”而去参加新教坚信礼的学生。所以，她之后不能享有在高校学习的特权。当地的党和国家部门想要强调的是，基督徒在民主德国“不受欢迎”（德国社会统一党在1967年使用这样的表达），最多只是被容忍。

“马克思列宁主义是战无不胜的工人阶级的科学世界观！”这样的巨幅大字在民主德国的校园十分醒目。基督教和犹太教应被压制。宗教是被唾弃的。东柏林犹太教区主席在乌布利希眼皮子底下“消失”并再未出现。不过无论怎样，基督徒仍受益于他们与联邦德国教会的联系。

在村里受人爱戴的埃丝特·布鲁塞维茨的父亲是党组织眼中的一根毒刺。他们称奥斯卡·布鲁塞维茨牧师为“蛊惑民心之人”和“充满敌意的教会分子”。他们想要向他施压，使他停止一贯的挑衅行为，并最终能表现得像一位得体的民主德国公民。但这一动作也不能引起过多注意，因为民主德国正努力寻求国际认可。它已经签署了《赫尔辛基最后文件》，因此不愿在西方媒体中因侵犯人权而引人注目。

奥斯卡·布鲁塞维茨牧师站在“信上帝，得新力”标语牌下

在民主德国，没有人可以自由选择培训岗位。有关部门给埃丝特·布鲁塞维茨提供了一个铁轨工人的学徒岗位。对天资非凡的牧师女儿如此羞辱，也是对瑞普夏新教教区成员的一个警告。它隐含的信息：如果你们与教会来往过于密切，那么这将危及你们孩子的未来。这一措施颇有成效。许多父母其实并不缺乏勇气，但如果这牵涉到自己的孩子呢？瑞普夏教堂的长椅比以前更显空荡。奥斯卡·布鲁塞维茨慢慢开始心灰意冷。

这位土生土长的东普鲁士人原本从未想成为牧师。他起初学了制鞋手艺。然而在 20 世纪 60 年代，国家对教会日益严重的压迫使得心怀热忱的基督教徒们再也不得安宁。教师们要求学生欺辱班上有基督教信仰的同学。警察和国安局想方设法地阻挠教会大会的召开，直至它最终只能在教会内部举行。此时，布鲁塞维茨想要成为神学家。

当布鲁塞维茨牧师于1969年来到瑞普夏半荒废的教堂后，他开始大干起来。他粉刷墙面，贴上墙纸，铺上瓷砖，搬来新的长椅。他开始养鸡、羊和兔子。村民对之刮目相看，终于有人不再只是夸夸其谈地谈“建设”，而是不等上司的指令下达就开始行动。人们又开始进教堂了，开始享受布鲁塞维茨牧师非同寻常的布道。牧师曾将铁链摔到地上，让人们体验耶稣基督打碎“死神枷锁”时的声音。

然而好景不长，一场教会同当地党组织的小型拉锯战开始了。第一件丑闻涉及布鲁塞维茨在教堂上安置的十字架。这不是传统意义上的十字架，而是由霓虹灯管组成的。当天黑下来时，人们在方圆几公里远的地方都能看得到它。政府部门要求牧师去掉这个“东西”，因为这会转移开车司机的注意力，也耗费过多能源。布鲁塞维茨拒绝这么做。

并且他更进一步。他召集人手，手工劳动数小时，以便为村里的孩子们建造一个游乐场。随后，他在前面立了一个大牌子，上面写着“新教儿童游乐场”几个大字。这也是一种挑衅。不过，孩子们却成群结队的来，并且这样的儿童节日成为一项制度。曾有一次，中学班级必须按照社会主义统一党的指令，拿着“民主德国 25 周年”的纸牌子穿行在村公路上，而布鲁塞维茨则举着“耶稣基督教会 2000 周年”的板子站在路边。

奥斯卡·布鲁塞维茨牧师在蔡茨市中心点燃衣服后的第四天病逝在医院里。他的皮肤烧伤面积达 85%，就医期间始终毫无知觉。然而国安局却依然想方设法要审讯他，并禁止家人来看望这位行将就木之人。期间整个东柏林弥漫着危机气氛。人们无论如何都想要防止这一事件出现在西方媒体上。

不过，国安局想要控制全部信息的权力也是有限的。8 月 20 日 16 点，德国广播电台报道了奥斯卡·布鲁塞维茨的自焚事件。一股震荡波依次波及了民主德国的所有基督徒，最终促成教会反对党运动的诞生。直到 20 世纪 80 年代末，人们对这一运动仍会有所耳闻。

但是埃丝特·布鲁塞维茨还是上了大学，如今她是图林根某乡镇的一名传教士。作为神学家的她，知道基督教在任何情况下都应该拒绝自杀行为。尽管如此，她仍以父为傲。父亲在遗书中写道：“从现在起，会有一个更优秀、更强大的人照顾你们。”埃丝特·布鲁塞维茨在 2004 年对东德民权主义者弗雷亚·克里尔说道：“如果我们回首过往，便能证实，父亲的遗言已然实现。我们确实体验到了‘信上帝，得新力’。”奥斯卡·布鲁塞维茨将出自预言家以赛亚著作的这一引语制成巨大的横幅标语，立在瑞普夏牧师居所的花园中。

00:55

“红军旅的囚徒”

恐怖主义者绑架联合会主席马丁·休利亚

1977 年 9 月 5 日的一分钟

这场袭击经过高度精确的计划。案犯对这位联邦雇主协会联合会和联邦工业协会的双料主席的生活习惯一清二楚。几天前，作案小组就在科隆一栋空置的高层住宅内召开了案前形势讨论会。

雇主联合会主席汉斯·马丁·休利亚大清早将从他在斯图加特的住处乘坐戴姆勒—奔驰公司生产的私人飞机飞往科隆－波恩机场。随后，司机海因茨·毛尔其斯开着蓝色奔驰 450SE 载他去往协会大楼。尾随他的是一辆梅赛德斯 200er，车上载有三名警察安保人员，分别是莱茵霍尔德·布兰德勒、罗兰德·皮勒和赫尔穆特·乌尔默。

休利亚被认为受到高度威胁。一个自称是“红军旅”的马克思主义恐怖组织，在很短的时间内对国家和经济界的最高代表实施多次袭击。4 月 7 日，联邦总检察长西格弗里德·布巴克被枪杀；7 月 30 日，德累斯顿银行的董事长于尔根·蓬托被枪杀。

总金属行业协会的会议在将近 16 点结束。16 点 25 分，休利亚和莱茵兰—普法尔茨的州长伯恩哈德·福格尔有一个电话约谈，之后他想暂时回到公务住所。晚上，他在杜塞尔多夫同产业领头人弗里德里希·卡尔·弗利克的得力帮手埃贝哈德·冯·布劳希奇约谈。

红军旅选中了布劳恩斯菲尔德城区的一条小街作为袭击地。两辆豪华奔驰轿车都转入这条街道。突然，又有一辆奔驰车挡住了路。一对夫妇在街上推着一辆蓝色婴儿车。然后，枪声响起。四名案犯举起冲锋枪开了 50 枪，还有来自两杆速射步枪的 50 枪和来自步枪的 17 发铅弹。24 岁的赫尔穆特·乌尔默和

汉斯·马丁·休利亚被恐怖组织“红军旅”劫持后所拍下的照片

20岁的罗兰德·皮勒开枪反击。一分钟后，雇主联合会主席的四名陪同人员全部丧命。

汉斯·马丁·休利亚被拽下车，被迫上了一辆大众巴士。车在科隆一阵狂飙之后，到了一个地下停车库。在那里，绑匪更换车辆，毫无察觉地将被劫持者带到埃尔夫特县城的一处平房中。

这些劫持者很年轻，最多35岁。他们激进地想要一个别样的社会。在老一辈的资产阶级眼中，他们只会愤世嫉俗。而现在，他们将要执掌权力。他们感觉自己是一场运动的精英。他们要成为先锋，必要时用武力来帮助伟大思想实现突破。不是每个人都能成为他们的成员。那些在度过较长考验期后成为其中成员的人，必须无条件忠于组织及其意识形态。如果做不到，这个人会被视为叛徒并被立即剔除出组织。组织格言是："忠诚是我们的荣誉。"这句话出自党卫军。1933年7月1日，刚满18岁的汉斯·马丁·休利亚作为坚定的纳粹主义者被党卫军接纳。

休利亚在战争期间作为党卫军少尉在"波西米亚—摩拉维亚保护区"产业总协会工作。世界大战结束后，他在戴姆勒—奔驰平步青云，却未能坐上董事会主席的交椅。在约阿希姆·蔡恩于1971年当选为戴姆勒老总后，休利亚全身心投入到协会的工作，并很快获得了对工会走强硬路线的名声。在当选为两个协会的主席后，他在电视中提及自己纳粹过往经历时，表示对那些年自己所取得成就深感自豪。

这样一来，汉斯·马丁·休利亚就成了"红军旅"的"完美"敌人。他们很难再找到一个更加符合可憎对手标准的人质。在他们眼里，联邦德国的"资本主义"是换汤不换药的纳粹主义。

但也仅仅是在他们眼中，即极端主义者眼中。1977年秋，魏玛共和国的政治暴力有重新回归的迹象，让人感觉好像联邦德国的民主毫无进展。决定性的区别仅在于，为了影射布尔什维主义者武装力量而自称"红军"的这些人，再也找不到党卫军和冲锋队这样的敌人。不，这些人现在依然存在。他们中有些人并不想明确同自己在第三帝国的过往撇清关系。但与1933年不同的是，没有人有意要消除民主。

红军旅在极不人性的条件下，扣留了汉斯·马丁·休利亚43天。这样一位不喜冲突的性情中人，同老人们一起喝喝红酒会感觉惬意，青年时期就不像一个有强烈权力欲望的北方人。作为一个父亲，他收集有关以色列的画卷，并真诚支持这一犹太民主国家的存在权利。“红军旅的囚犯”几个字写在一张纸质牌子上，汉斯·马丁·休利亚必须举着这个牌子面对镜头。

43天后，德国第九国境防卫队，即一支联邦警察的特殊部队，制止了对飞往摩加迪沙的汉莎飞机的劫持。红军旅想通过绑架休利亚和劫持飞机的方式，强迫释放三名被捕的恐怖主义者，后来他们在狱中自杀。劫持者随后向汉斯·马丁·休利亚的颈部开了三枪将其杀死。

“我们是红军旅，”在德新社的记者拿起听筒后，一位年轻女士在话筒中这样吼道，“我们把可耻又腐败的汉斯·马丁·休利亚给结果了，施密特先生可以在米卢斯镇佩吉路上的一辆绿色奥迪100里找到他。”这些话语透露出的冷酷无情至今令人胆寒。

对于联邦总理赫尔穆特·施密特和他的政府而言，劫持事件是一次前所未有的考验。休利亚的家属曾要求政府满足劫持者的要求，因此他们甚至向联邦宪法法院控告政府。施密特立场坚定，不受威逼。相对于民主人士在魏玛共和国时期最终屈从于极端主义者而言，施密特这样的历史功绩再怎么赞誉也不为过。

在联邦德国，恐怖主义应该会是一个长久话题。直至今日，在国际恐怖主义背景下，如何在立法中平衡公民的安全需求和自由权利仍是一个问题。

传播学家和时事评论员卢茨·哈赫迈斯特在2004年出版《汉斯·马丁·休利亚传记》一书中的结尾处写道：

> 国家社会主义是一种恶，只有纯粹的思想和自足的美德才能对抗它。有德之人以盖世太保和党卫军的方式在不名之地的谋杀将最后的愤怒也屠了个干净。休利亚作为具象的人曾使这些有德之人不得

> 不面对这些愤怒。关于法国大革命的恐怖行径，黑格尔作为海德堡大学的教授、普鲁士的国家哲学家同时也是红军旅创始人霍斯特·马勒尔思想之神，在 1821 年说道："如今盛行的是自由和道德的抽象原则。道德如今要对抗很多事物，这些东西因其堕落性和旧的利益相关性，或者由于无节制的自由和热情而导致其对道德的不忠。道德在此是一个简单的原则，并只将其区分为思想内的道德和思想外的道德。"

感兴趣的人确实可以在格奥尔格·威廉·弗里德里希·黑格尔那里找到依据，最终证明党卫军和红军旅的共同之处：关乎原则，关乎一种强大思想的庄严性，总是涉及那种绝对、无可争辩地站在正确立场上的感觉。

然而，这一种非黑即白的世界仅存在于脱离现实的哲学家头脑里。这样的世界在革命者和仇恨散播者的脑子里作祟。这个世界不是人的世界。因此，不仅仅只有 1933 年 1 月应该成为对所有民主主义者的警示，还有 1977 年的秋天。

00:56

和解路上

联邦总统冯·魏茨泽克在以色列向西奥多·赫茨尔墓敬献花环

1985 年 10 月 9 日的一分钟

耶路撒冷的山丘上微风阵阵，这让摄影师们很高兴。因为这样一来，那面一人大小的以色列国旗就能完全展开。一名士兵把国旗举在风中，短袖衬衫勾勒出结实的肌肉，带檐的帽子让他的眼睛免受强烈的阳光照射。脸上写满紧张和专注，他斜举着这面两条蓝色线条中间夹了一颗大卫王之星的白色旗帜，没有让它降下来，而是悬在一块黑色方石上方。这块坚实巨大的石头，被一片低矮的树篱和一个花坛围在中间，这就是西奥多·赫茨尔之墓。

微风阵阵，悬着国旗的墓前站着士兵，坦荡的山丘上没有任何建筑。联邦德国总统里夏德·冯·魏茨泽克就站在那里。这是他此次对这个犹太国进行国事访问的一部分。德国纳粹时期杀害了 600 万犹太人，还有几百万人饱受身体和精神上的折磨，甚至余生都有可能精神创伤。西奥多·赫茨尔被尊为以色列精神之父，自 1948 年以来，这个国家一直是犹太人的希望之土。在这里，他们可以过着自由、有尊严的生活，不会受到迫害。

德意志联邦总统在这里受到了热情友好的接待。以色列国家总统哈依姆·赫尔佐格和耶路撒冷市长特迪·科勒克像迎接老朋友一样对他表示欢迎。以色列人看到他站在“哭墙”前，都争先恐后地向他打招呼。这时，里夏德·冯·魏茨泽克在赫茨尔的墓前敬献了花环。他穿着合身的深色西装，微微弯腰，保持着一贯的风度和体态。将花环靠着花岗石放下，整理了一下上面的饰带，然后停止动作。

西奥多·赫茨尔是谁？首先，这位法学家兼记者是 1900 年左右维也纳典

西奥多·赫茨尔

型的花花公子，长期混迹于咖啡厅的自由作家。他有一个愿景。但在那个时代，宏伟的愿景、离经叛道的想法，所有坐在维也纳咖啡厅中的年轻梦想家、粗制滥造的作家和夸夸其谈的人都有。赫茨尔，这个匈牙利籍犹太人跟这些人不同，他的愿景最终得以成真。尽管不是在他的有生之年，而是在他死后几十年。

西奥多·赫茨尔的愿景就是"犹太国"。他也以此命名了一本于1896年出版的书。赫茨尔深入研究了自己犹太身份。在当时的维也纳知识分子群体中有一个普遍现象，对个人兴趣很快就扩大到对大众命运的关注上，西奥多的研究也是一样——在他这里是犹太人。

当时，在欧洲的犹太人中有一些关于宗教和民族归属关系的辩论。如果犹太教跟其他教派一样只是一种宗教的话，那么无论是谁都可以全心全意做犹太人的同时成为德国人、法国人或匈牙利人。如果犹太宗教和犹太民族构成了一个不可分整体，那么犹太人就会成为一个散落在异国他乡的民族，就不能放弃有一天重回圣土的希望。所有辩论都被称为"犹太人问题"，而这个时候不会有人想到，这个词有一天将会被滥用。

赫茨尔最开始倾向于认为，犹太人应该尽可能全面适应奥地利社会。他们应该停止扮演特殊角色的想法。但是，在担任维也纳《新自由日报》驻巴黎记者的几年时间中，德雷福斯事件猝然将他从"无反犹情绪的欧洲"幻想中拉回现实。法国军队的一名犹太裔军官因被污蔑泄露机密而受到控诉和审判。此后，法国报纸煽动人们反对"生物学上低等的犹太种族"。巴黎大街上，人群齐呼："杀死犹太人！"

这样一来，赫茨尔对自己说，这种时候只能移民了。犹太人应该建立自己的国家。最好是在巴勒斯坦，实在不行的话也可以在南美或非洲。赫茨尔并未让这些想法只停留在空想阶段。他开始具体规划这个"犹太国"。他在书中设想了一个高度工业化的现代模范国家。从中央银行到宪法和军队再到国旗都被确定下来。这一开始遭到所有人的嘲笑，但不久之后赫茨尔就建立了一个犹太人世界组织。1900年前后这个组织已拥有超过20万缴纳会费的成员。

1904年赫茨尔猝然离世，终年只有44岁。他当时被葬在维也纳，但他在自己的遗嘱中做了安排，希望“犹太国”有朝一日一旦成为现实，就把他的遗骨迁过去。这足足耗费了50年时间。1948年春，在热烈的气氛中，大屠杀的恐怖还历历在目，戴维·本·古里安宣告了以色列的诞生。

1985年3月8日，德意志联邦总统里夏德·冯·魏茨泽克在出访以色列之前的半年，在德国议会演讲时说道：“要评价近东地区的局势，就不能忘记德国人让犹太同胞遭受的劫难，这种劫难迫使他们在条件具备时建立以色列，并且直到今天还在压迫和威胁着这一地区的人们。”

魏茨泽克在纪念“二战”结束40周年时发表的讲话是他在政治生涯中最重要的一次。没错，或许也是1945年以后德国政治家最具影响力的演讲。《纽约时报》刊登了这次讲话的全文。演讲稿被翻译成13种语言，在全世界传播两百多万次。以色列《马里夫晚报》评论道：“可能您对贵国人民的帮助比您预计的还要多。可能您帮助德国人民说出了真相。”

就连为表达抗议缺席议会演讲的绿党，也在事后对魏茨泽克表示了极大尊重，他们之所以缺席，是因为他们认为一个基督教民主联盟政客的“二战”纪念结束演讲无非只有“对阵亡英雄的纪念”。只在慕尼黑有人提出了尖锐批评，基督教民主联盟主席和巴伐利亚州州长弗朗茨·约瑟夫·施特劳斯反对“永远把反思过去作为长期的社会赎罪任务”。

魏茨泽克说出了什么？真相——全体德意志人对第三帝国时期发生的事负有责任的真相。真相虽早已为人所知，但里夏德·冯·魏茨泽克打破了德国政治家常年以来的坏习惯，他们总是悄悄暗示，尽可能把这个话题局限化或者干脆绝口不提。

联邦总统说：

> 对犹太人的民族谋杀……是史无前例的……这一罪行的执行者只有寥寥数人。这一事件在公众眼前被屏蔽掉。但是每个德国人都能对犹太同胞不得不遭受的一切感同身受，从冷漠无所谓到暗地里不容忍，再到公然憎恨。在犹太教堂被烧毁、劫掠不断、大卫王之星受辱、权

> 利被剥夺，人的尊严受到无休止的践踏之后，谁还能没有半点怀疑？任何人只要去听、去看、去了解，就不会忽视驱逐的列车正隆隆向前。毁灭的方式和规模或许已超越了人类想象的极限。但事实上，很多人，就连我这一代人，没有参与这些事件策划和执行的年轻人，也尝试着不去了解当时到底发生了什么。逃避良知的方式有很多，与己无关、避而不见或沉默。

真相可能会让人痛苦，受到刺激。魏茨泽克在这次演讲之后收到60 000多封联邦公民的来信。很多人表示赞同，很多人表示气愤。但是真相也搭建了桥梁。在从以色列回德国的飞机上，以色列女教师耶尔·古里也坐在总统的飞机上。她曾向这位国宾解释，因为德国的历史，她将不会再踏上这个国家的土地。里夏德·冯·魏茨泽克邀请她到德国去，说她应该自己去了解这个国家，然后再做出评判。她很自然地应允下来。

00:57

“戈尔巴乔夫先生，请您把这堵墙拆了！”

罗纳德·里根在柏林要求苏联国家元首开放柏林墙

1987 年 6 月 12 日的一分钟

当天，夏日的天空被阴云覆盖，柏林上空笼罩着一种特殊的紧张气氛。约有 25000 千人聚集在胜利柱和勃兰登堡门之间。美国军用直升机轰隆隆地盘旋着。警笛持续不断的声音从远处逼近，穿过动物园。几米高的混凝土墙拦住了人群，就像拦河坝拦住了水流。墙上喷满了五颜六色的涂鸦，它们并没有让这面墙好看一些。这就是柏林墙。26 年来，它一直在城市的中央延伸，把这座城市分成两部分，让西边成为东边居民遥不可及的地方。

墙的另一边，东面空无一人。那里屹立着勃兰登堡门，孤零零地在一个被封锁的荒凉广场上。跟房子一样高的反光灯柱任何时候都能把这空旷照得刺眼。在一根没有灯柱高的杆子上，一面红色的苏联国旗迎风飘扬。但是今天，颜色更加丰富的旗帜飘扬在西边。那里搭了一个演讲台，就在柏林墙前方。

它就像电视演播间的一个布景。德国顶级政治家——赫尔穆特·科尔、菲利普·耶宁格、埃伯哈德·迪皮根——像智力问答节目的选手一样坐成一排。他们的前方是黑、红、金三色旗。他们的后面是美国国旗、德意志联邦共和国国旗和柏林州旗。旗后面是一面浅蓝色的墙，就像新近电视节目主持人所在的蓝盒子一样，为了观众蓝盒子可以模拟任何环境。中间安了一扇防弹玻璃制成的窗户。对准演讲台的摄影机会把背景中的柏林墙拍下来。

演讲者穿一件深色西装，系红色领带。美国总统里根 75 岁左右的年纪，仍然活力四射，身体健壮。他的声音很温暖，讲的英语柔和而富有旋律。罗纳德·里根要求扩大柏林的航线，无论是从柏林出发，还是飞往柏林。他谈到了

德国纪念柏林墙倒塌 25 周年

自己的想法："在不远的将来，在柏林的东边和西边都举办奥林匹克运动会。"然后语气突然夹杂着愤怒。是的，他是带着愤怒说了这番话："戈尔巴乔夫总书记，如果您想要和平，如果您想要苏联和东欧变得富足，如果您想要解放：请您来到这扇大门前！戈尔巴乔夫先生，请您打开这扇门！戈尔巴乔夫先生，请您把这堵墙拆了！"

德国人不喜欢罗纳德·里根。这里指的一定不是所有德国人，更不是大部分西柏林人。对他们来说，美国总统的每次到访都是一次盛大的民族庆典。6月17日大街上有豆子汤、桶装柠檬汽水和啤酒。出租车的天线上飘扬着蓝、白、红的带子。威尔默斯多夫、施特格利茨、夏洛腾堡和施潘道的柏林人都激动而又喜悦，也有一点如释重负，因为美国总统的到来是为了重申他的国家做出的许诺，承诺在任何必要的时刻都会捍卫这座孤立无援城市的自由。

尽管如此，德国人还是不喜欢罗纳德·里根。这一定是指大多数出版商和当时受到西德公共辩论影响的知识分子，尤其是民主德国的媒体。它们爱把里根的漫画形象塑造成一个来自西方肆无忌惮地抨击四方的流氓。对那些1987年6月12日把舍内贝格的诺伦多夫广场置于熊熊大火中的人来说，报纸报道中对里根的反对程度一定是打了折扣。其实，在美国总统演讲的同时，停在这里的车辆正熊熊燃烧，瓶子、石头和大火飞向警务人员。警察动用了本来用在战场上的铁丝网把动物园附近区域封锁起来。

如今，德国人仍然不喜欢罗纳德·里根。不久前还能在回忆录里读到他在勃兰登堡门的演讲只是一次"愚蠢的挑衅"。他当时更该说的是裁减军备！2004年罗纳德·里根因阿尔茨海默症去世时，时任柏林市长恰巧在洛杉矶，但是他却不能把自己的名字登记到这位柏林荣誉市民的吊唁簿上。

我和一位好心的专业顾问讨论这本书的框架时，他只在个别地方提出批评和修改建议。但是罗纳德·里根在柏林墙这件事情上——这似乎太过了吧。"一定要这样吗？"他惊讶地问。"别写他了吧！"可能任何一个别的人都合适，甚至是赫尔穆特·科尔。但是里根？不，请不要写他！更好的选择是我应该写一写海因里希·伯尔和他的勇气。他曾勇敢地坐到位于穆特朗根的美国驻地前，被世界上最友好的警察抬走。这位作家确确实实想为和平做一些事。这是我完全不愿辩驳的。

1987 年夏天，我，一个蓝眼睛、素养不高的 17 岁青年，在西德一个无足轻重的工业城市念一所普通文理中学。我对身边发生的一些事不太理解。比如，为什么所有老师都把罗纳德·里根说得这么坏。我很喜欢故意说一些过激的话挑衅老师。有一次我在黑板上写道，苏联共产党中央委员会让我转达对班主任老师的问候。那次着实引起了不快。

此外，我还写一些文章，这些文章在我的老师们看来虽然语言表达不错，但是内容上难以形容。我从来不写老师要求的东西，这给我带来很大乐趣。我之所以这么放肆，敢滥用这些自由的同时又不会毁了自己的前途，也不会影响父亲的工作，我认为是因为过去几十年美国的外交政策。所有人都对戈尔巴乔夫更有好感，但是我很高兴我们西德人能够跟罗纳德·里根结盟。

但是入侵格林纳达这件事情呢？伊朗门事件呢？罗纳德·里根下令空袭的黎波里呢？那次空袭过后几名老师把课都取消了。我们所有人坐成一圈，一个教宗教的女老师整整一堂课都在鼓励我们把对罗纳德·里根政策的怒气发泄出来。为什么我对这件事又有想批评的地方呢？

罗纳德·里根和苏联国家元首戈尔巴乔夫两人相互认识。里根在自己的回忆录中写道：

> 今天我回首往事，清楚地发现，在戈尔巴乔夫跟我之间有一种化学反应，这种化学反应的产物是有点接近友谊的东西。他是一个强硬的谈判家，是个深爱自己祖国的爱国主义者。我们从意识形态完全对立的两极出发进行讨论。这种化学反应也给我们的对话奠定了一个人性的基础，从来都不是憎恨或者敌对。我喜欢戈尔巴乔夫，尽管他是一个狂热的共产主义者，而我是一个有着坚定信仰的资本主义者。

一次里根出访莫斯科，戈尔巴乔夫请这位客人在莫斯科大学的学生面前做了一次演讲。在座的都是苏联未来的领导精英。这位美国总统可以自由地表达自己的观点，没有任何限制。他在演讲中说道：

> 即使是在我的国家中，也有一些人在看到有人尝试在混乱的自由市场摸索时，他们从中发现的只是破坏。所有那些失败了的企业怎么办？没错，很多都失败了。尤其是那些成功的公司，经常是一次又一次地失败。如果问他们的成功秘诀，他们会说，是在艰难的道路中慢慢发现的。是的，他们是通过一开始的失败才找到了成功的秘诀……因此，即使是政府中最聪明的规划者也绝不可能比几百万个夜以继日努力实现自己梦想的人做得更好。

德国人不喜欢罗纳德·里根。也是因为里根总是先看个体负有的责任，而后才是国家应承担的责任。对那些对未来有清楚设想，对个人能力有现实考量的人，他寄予了很高期望，即便不是所有期望。

毕竟，墙已经倒了。1990年，罗纳德·里根以个人名义来到柏林，与妻子南希穿过敞开的勃兰登堡门。不仅如此，他还让人把柏林墙的一块残片运回洛杉矶，放在自家花园里。他想每天都看到它，想跟德国人一起高兴，为他们的国家不再分裂，为所有人都拥有自由。

因为罗纳德·里根喜欢德国人。他曾经写道，他将永远不会忘记，1985年在汉巴赫城堡一万名德国中学生是怎样用一口流利的英语演唱美国国歌的。他还在哪个国家有过类似的经历？没有。

00:58

“没有钱，毋宁死”

媒体轰动之后，警察对格拉德贝事件中人质的营救失败

1988年8月18日的一分钟

他们在齐克堡服务区放下了记者。尤杜・勒贝尔是马路小报《速递》的副主编，他在科隆步行街上了一辆蓝色银光闪闪，带黄色荷兰标志的宝马735i。他主动提出给不熟悉地方的司机汉斯・尤尔根・罗斯内尔指路，告诉他怎样去往法兰克福方向的三号高速公路。但这并不是无私的乐于助人。他在途中有大把时间和机会采访罗斯内尔和他的同伙迪特尔・德格夫斯基。

就连这辆高级轿车后座上的三位女士，也让尤杜・勒贝尔极为感兴趣，因为他工作的报社以“快、更快、特快”为口号争取读者。其中一个名叫玛丽昂・略普里希，是罗斯内尔的女朋友。另两个是来自北德的少女并非自愿跟罗斯内尔、德格夫斯基和略普里希坐在一辆车上。她们两个前一天晚上在不来梅上了一辆53路公交车，本想回家。罗斯内尔和德格夫斯基拿着装满子弹、解除了保险的手枪冲上车，劫持了乘客。

就连现在罗斯内尔也只有一只手抓着方向盘，另一只手拿着武器。后座上的德格夫斯基把枪直接顶在其中一个女孩的颈动脉上，那个漂亮的金发姑娘。“武器顶在脖子上感觉怎么样？”在科隆城里的时候，记者问这个姑娘。尤杜・勒贝尔现在能够“独家”提出这些问题。他在齐格堡服务区礼貌地道了别。他不需要花太长时间等下一个搭乘机会，因为很多记者开车尾随着宝马车。

罗斯内尔、德格夫斯基、略普里希和两个年轻的人质继续向高速路进发。三号高速公路贯穿七峰山。记者们盯着宝马车不放。他们时而跟在后面，时而开到前面，时而并驾齐驱，时刻准备好摄影器材。接着，波恩《总指针》报的

“格拉德贝克”人质事件

一名记者就拍下了所有同行都想拥有的照片。他在一辆梅赛德斯S系装甲警车超过宝马车并从侧面全力撞击的时刻精准按下了快门。第二天，这张照片在德国无人不知。没有公布的是接下来双方交火的照片。在这次交火中，两名人质一死一重伤。

“现在我想通过媒体说话”，1988年夏，劫持人质者迪特尔·德格夫斯基用这句话开启了大众传媒新时代。如果说在此前把媒体作为自己的传话筒还只是电影明星、摇滚音乐人或政客等少数人的权利，那么未来在德国，每个人——就连一个鲁尔区穷困潦倒的罪犯——只要把自己策划得足够轰动，就能成为媒体明星。

这一方面是由于技术的进步。20世纪80年代末，突然之间，把图像和声音在技术和编辑上加工到可以用于传播的过程连几小时都用不了。这时，短时间内在德国任何地方进行近乎“实况”的转播也成了可能。就连在报业，由于新技术的出现，编辑定稿时间也不断向后推迟。

发展从这时开始，而这种发展如今在手机相机和网络平台“YouTube”上暂时达到了高潮。任何一个能够满足人们猎奇心的事件，相关视频片段有时在几分钟内就传遍全球网络。就连本该严格保密的对伊拉克独裁者萨达姆·胡赛因的处决过程，也被现场一个看守军官用手机录了下来，并随即被传到了网上。

1988年，西德媒体市场上不断增加的竞争压力也是新事物。因为多年来这里都风平浪静。报纸和杂志掌握在很多中小型出版社手中。突然间，接管浪潮席卷全国。出版社摇身一变，成了媒体集团。

转变最大的是广播和电视。以强制征税为资金来源，并受政治委员会控制的公共广播电台多年来占据着垄断地位。当时只有三个电视节目。20世纪80年代初，社民党联邦议会议员还曾要求，联邦德国邮政应该用干扰信号阻止卢森堡私人电视台在德国境内播放他们的节目。

但是联邦总理赫尔穆特·科尔领导下的保守——自由联合政府在广播市场上实行“双元制”。虽然实质上国家电视台的特权依然不可触动，但是那时就已经有私人竞争。像往常一样，如果垄断一半被打破，一半被捍卫，就会产生一种混乱局面，给夸大报道敞开了大门。

格拉德贝克人质事件当中，另一方面的原因激化了当时的情况。各州的内部管理和下属警察机关实际上还根本不具备媒体社会意识。数年来，遇到造成轰动的刑事案件，记者和警察间存在着不变的竞争：媒体代表希望尽早，尽可能多地了解案情，进而才能做报道。警察则希望尽可能长时间地隐瞒尽可能多的案情，以便工作能够不受打扰。而在一个媒体社会当中，这越来越不切实际。警察必须学会把媒体也纳入自己的策略当中，甚至是有针对性地借助媒体行事。

当社会早已发生巨变，已超越多数人的认识理性时，就越是容易出现混乱局面。一年之后，1989 年的秋天，这一点在德国的东部表现得更为明显。然而，当和平演变在民主德国上演之时，格拉德贝克人质事件却以致命的混乱收场。

8 月 16 日 8 点 4 分，鲁尔区城市格拉德贝克警察局里响起一通紧急电话，没有人预料到会出现这样一个戏剧性的发展。一名医生报告称，有两个带了武器的男人闯进了德意志银行的一家分行。警察刚开始开了一辆巡逻车过来。警务人员直接把车停在建筑群唯一的入口前。

罗斯内尔和德格夫斯基在银行的收获不多。他们走出银行，发现了巡逻车，紧接着又返回银行，抓了两个银行职员做人质。这时警察包围了大楼。作案人要求六位数的赎金以及一辆逃跑用车。这时就有一个广播记者想到直接给这间分行打电话。两个作案人在电话上接受了第一次广播采访。

8 月 17 日事件发生地点转移到了不来梅。罗斯内尔和德格夫斯基获得了大约 40 万马克和一辆奥迪 100。他们可以载上罗斯内尔的女朋友驱车前往北德。又在不来梅劫持了 ·辆满载乘客的公共汽车，可能是为了掌握更多人质从而为自己谋得更多战术上的筹码。

中途有电视台记者登上这辆公车，拍下发生的一切。罗斯内尔和德格夫斯基接受了采访。“没钱还不如死了。”德格夫斯基描述自己的动机。之后警察在一个服务区的卫生间里逮捕了玛丽昂·略普里希，罗斯内尔为了迫使警察释放自己的女朋友，开枪杀死了公交车上的一个 15 岁乘客。

8 月 18 日清晨，劫持人质者开着公交车到了荷兰境内。之后又出了乱子。

人质试图逃脱，双方交火之后，荷兰警察最终给作案人提供了一辆宝马7系作为新的逃窜用车。他们从不来梅的公车上抓了两个女孩放进车里，一路开往科隆。

在科隆，他们把车停在了步行街中间。他们被记者、摄影师和摄像师团团围住。目击者把这一场景描述成一场真正的“新闻发布会”。两个来自鲁尔区，失业又有前科的重刑犯变成了媒体明星，快赶上真人秀节目《老大哥》的阵势了。

00:59

“据我所知，马上生效，刻不容缓”

政治局委员君特·沙博夫斯基宣布东德公民出入境自由

1989年11月9日的一分钟

东边没有什么新鲜事，看上去似乎是这样。在柏林默伦街的国际新闻中心无窗大厅，灯光惨白。厅里人满为患，空气糟糕。一个身着灰蓝色干部服装的男人站在大厅前方的讲台上，已经用一成不变的冷漠语调讲了快一个小时了。君特·沙博夫斯基，60岁，最近刚刚当上民主德国领导发言人。他正啰唆而又官腔十足地向大家报告德国统一社会党的一个行动方案和一项新的选举法。记者们都百无聊赖，懒洋洋地坐在座位上。有一部分人开始收拾东西。东德人民把电视节目台从新闻发布会现场直播又转到了西方电视台。

这时，左前方第一排的一个男人站起身。晚上6点53分，这位经验丰富的记者说道：“我的名字是理卡多·鄂尔曼，我是意大利安莎通讯社记者。沙博夫斯基先生，您难道不认为您几天前介绍的出入境法律草案是一个极大的错误？”

政治局委员沙博夫斯基显然对这样的提问不太适应。他翻了翻手中的材料。他不知道把埃贡·克伦茨总书记当天塞给他的国务院决议草案放到哪里去了。“我们一致决定，”沙博夫斯基轻声地说，“今天……嗯……出台一项规定，尽可能让东德所有公民……嗯……都能够通过东德边境关卡出境。”

大厅里骚动起来。一名记者大声问：“这是否意味着，从现在开始每个东德公民都可以自由地到西边去？”

沙博夫斯基轻呼了一口气。他匆忙又含糊地念道：“申请私人出境时无须出示出境动机信和亲属关系证明。申请短期内就可审核通过。”

“从什么时候开始？”理卡多·鄂尔曼大声问。他的一位同事也问道：“这

君特·沙博夫斯基

项规定什么时候生效？”

沙博夫斯基结结巴巴地说:“这项规定……据我所知,马上生效,刻不容缓。”

“立即，刻不容缓。”——这是个很好的应变，却不属实。沙博夫斯基材料里的原句是:“有关这些规定,1989年11月10日将公布附加的媒体通知。”11月9日晚间，国务院决议草案上连必要的签名都还没有。

但是政府发言人已经在全世界公众面前出了岔子，并且无法挽回。“这项规定也适用于到西柏林去吗？”一个记者刨根问底。这一切其实还根本没有跟东德真正的主人——苏联协商过。但是沙博夫斯基相信米哈伊尔·戈尔巴乔夫推行的新开放政策，他接着说：“是的，这里写着‘西柏林’。”

新闻发布会按计划于晚上7点结束。君特·沙博夫斯基不再接受提问。但是理卡多·鄂尔曼这时已经接通了电话。“柏林墙倒了！”他对身在意大利的总编辑说，而后又特意补充了一句，“不，我没有疯。”

事实上柏林墙还在那里，东德公民仍然不能立即跨过边界到西柏林去。但是捷克斯洛伐克已经开放了对联邦德国的边界。自此之后，从民主德国通过捷克逃到联邦德国的人潮迅速增长到每小时500人。11月9日,女作家克里斯塔·沃尔夫在德国统一社会党党报《新德国》上呼吁同胞们：“我们请求各位，留在自己的故乡，留在我们身边！”期间，民主德国各城市中有几十万人已经走上街头。

10月18日埃里希·昂纳克倒台后，民主德国新一届领导集体完全意识到，出入境自由对他们的政治未来将起到决定性作用。因此，总理维利·斯多夫委托内政部部长弗里德里希·迪克尔制定一个新的出入境法律，并于11月6日公布。民主德国所有公民持签证每年可以出境去西德一个月。

大街上的群众对此只有嘲弄和讽刺。“这种出入境法必须废除！”一个莱比锡的演讲者大声呼喊道——50万人热烈鼓掌。甚至东德电视台也发出批判的声音。埃贡·克伦茨致电君特·沙博夫斯基，完全不知所措。公布了这么一部“宏伟的出入境法”，民众却并不买账。最终，这部法律草案在人民议院胎死腹中。

在此之后，克伦茨收到一通来自捷克斯洛伐克国家元首米洛什·雅克什的电话。如果民主德国不能把本国公民留在国内，那么捷克斯洛伐克就要封锁自己的边界。但是民主德国政治局中的每个人都知道，把意图出境的人目前唯一的阀门再关上将意味着什么。内战的恐慌正在蔓延。

因此，11 月 9 日早晨，内政部和国家安全部门的四位专家受命起草一份新的出入境规定。参与者之一事后回忆道，四个人很快达成一致。起草一份无论是对有长期出境意愿的人还是对那些“有时想去探亲”的人来说都很实际的解决方案。规定是：“申请私人出境无须出示材料。”值得注意的是“申请”这个词！没有人意欲开放这堵墙。

下午，埃贡·克伦茨更确切地说是顺带向德国统一社会党中央委员会介绍了要递交给国务院的这份法律草案，因为他还有很多其他的事情需要操心。由于标题拟得模棱两可，所有人都以为，这部法律草案仅仅是针对那些心怀不满想要长期移民的人。大家讨论的焦点都集中在细枝末节上。

在会议休息期间，克伦茨把草案交给了沙博夫斯基。“公布了吧，”他说，“这对我们来说是一枚重磅炸弹。”沙博夫斯基没有出席这次会议，他快速把文件扫了一遍。他不明白的是，这只是一个草案，并不是最终决议。但是他知道这件事情很棘手，所以想等到新闻发布会的最后再提到这件事，并且说的时候尽可能轻描淡写。

沙博夫斯基“立即”两个字话音落下四个半小时之后，一群人在伯恩霍尔默大街的边防检查站从东柏林蜂拥至西柏林。德国电视二台在“今日”播报当中的第六条才报道了新闻发布会。晚上 8 点钟时，德国电视一台把新的出入境规定作为头条播送出来，并配上了“民主德国打开边界”的新闻标题。晚上 10 点 45 分的“每日主题”中是这样说的：“墙上大门敞开。”但事实并非如此。

民主德国的边防部队没有接到任何命令，并且这天晚上也不会再接到任何命令了。任何想要按照沙博夫斯基的说法通过边境的人，都被打发回来。但是东柏林人是这样理解西部电视台的，就是说他们可以马上“到对面去”。这是一个误会，但是快晚上 11 点 30 分的时候变成了现实。伯恩霍尔默大街上的人群压坏了封锁用的障碍物，边防人员担心会危及性命。于是就打开边界，让人群通过。

柏林墙倒下 15 年后，君特·沙博夫斯基在一次接受柏林《每日镜报》采访时回忆起了 1989 年 11 月的新闻发布会。当时他脑子里想的是“没什么轰动的”。最终政府迫于压力错误解读了新的出入境管理规定，却因此少了很多负担。

记者们惊讶地追问道：“真的没有感情上的冲动？”“好吧，”沙博夫斯基承认道，“在以前，这样的决定对于这样的政权是无法想象的。我们自己都对自己刮目相看，因为我们决定走出这艰难的一步。结果是我们无法预见的。我们想，我们因此将以改革者的形象示人。除此之外，我们绝不想对两国关系造成负担，因为我们需要他们的钱。我们当时与破产无异！”

01:00

如凤凰涅槃

联邦总统罗曼·赫尔佐克为柏林波茨坦广场旁的新区揭幕

1998年10月2日的一分钟

没有人预料到人潮如此汹涌。周六上午，人数超过了50万——这相当于斯图加特的总人口。到了下午人更多了。地铁每五分钟一班。但是没过多久，柏林交通公司运行在新站——“门德尔松·巴托尔迪公园”的黄色列车就撑不住了。站台上人满为患，水泄不通。与此同时，西边的波茨坦大街和东边的莱比锡大街上拥堵的车辆排了几公里长。就算是最终到了波茨坦广场旁的新城区，也得在地下停车场前排起又一个长龙。什么都动不了的时候，公交车司机就让乘客在空旷路段上下车。

冷静观察一下，并没什么特别轰动的事可看。一些知名建筑师——伦佐·皮亚诺、理查德·罗杰斯、汉斯·科尔霍夫等人——稍费了一些力气设计了办公大楼。一条步行街，在世界各地可以看到几百条一样的。还有电影院，几家酒店，一个音乐剧院，看起来有点像汉斯·夏隆设计的著名的国家图书馆，却是一次失败的模仿。建筑评论家们的评价从平庸到失望。

这个周末造成轰动的并不是建筑，而是这些建筑所在的地方。或者，更准确地说是这个地方竟然又建了东西这个事实。继轰炸和拆除废墟之后，有近四十年的时间，柏林墙一直横亘在波茨坦广场中央。正如被一分为二的德国一样，柏林也被一分为二。这里的分界线在这座城市中心留下的印记深入骨髓。这个曾有着繁华大都市生活的地方如今成了一片宽阔荒凉的空地。

突然之间，柏林墙拆除不到10年，这个城市又回来了！如果不从建筑评论家的角度来看，说实话，柏林比以前更大也更漂亮。周五上午在旧波茨坦大街上有庆祝活动。联邦总统罗曼·赫尔佐克为庆祝活动剪彩。之后，柏林人、德国人，甚至是来自全世界的游客蜂拥而至。

“英格–拜斯海姆广场”——世代居住在柏林的老市民仍然没有适应这样的名字。我的一个好朋友，出生在施玛根多夫，位于西柏林最深处，每次我提到这个名字，他都会嘲笑半天。这个免受直达交通打扰的小广场被包围在一片贝壳灰的高楼之间，距离波茨坦广场喧闹的十字路口不远，就在以前的“雷诺三角”上。

这个广场必须根据一位女士的姓名命名，因为这个区的议会决定，新的街道和广场一律用女性名字命名，直到在首都市中心的地名达到男女均衡为止。这个小广场之所以用了麦德龙贸易集团创立者奥托·拜斯海姆亡妻的名字，明显是因为这位德国亿万富翁在这里有巨额投资。

一些政治敏感人士传播关于奥托·拜斯海姆的丑闻，说他在第三帝国时期是党卫军的一员。不单单是这个传闻让这个广场不清不白。这片地产曾经属于犹太商人威尔特海姆家族，后被纳粹没收，同名的百货商店有了“雅利安”主人。威尔特海姆家族继承人和新所有者卡尔施塔特股份公司，因向拜斯海姆出售这块地产而引起的争执直到不久前才得以解决。赫尔穆特·科尔，两德统一后的总理，主动出面干预调解，因为他担心德国的声誉会因此受到影响。

截至 1990 年，雷诺大街、贝勒乌大街和艾伯特大街之间的三角形地带形式上属于东柏林，却位于柏林墙西侧。20 世纪 80 年代，正是西柏林人因为房屋被占发生大暴动的时期，“无政府主义者”——《法兰克福汇报》这样形容这些好战分子——有时会逃到“雷诺三角”。西柏林的警察不能到这里追捕他们，因为这里是苏占区！人们今天回忆说，当时东德边境哨所和国家安全部门的工作人员会翻墙过来，给反资本主义的暴乱分子送饮料和小吃。

中午我最喜欢坐在一家小咖啡馆里，透过那里高处的窗子，目光落到英格–拜斯海姆广场中央的一个雕塑上。托马斯认为这件艺术品应该叫作“凤凰”，他是一名学习音乐的大学生，有时会在这里调制可口的咖啡。其实，这件金属物体位于一块由黑色石头筑成的水池中，给人的感觉确实像是要逃离地面，飞向天空。凤凰涅槃，古罗马人神话中的鸟，不断烧毁自己，为了能够从自己的灰烬中获得新生。无须思考太久就可明白，这个标志在这个地方意味着什么。

20 世纪 20 年代，波茨坦广场是欧洲交通最繁忙的地方。它是柏林这个世界城市的缩影，那时的柏林足足有 400 万人口，明显比今天要多。远途火车、轻轨和地铁线路在这里交会。除此之外，还有 26 条有轨电车和公共汽车线路在广场上停靠，每天运送几万人到周边去。欧洲第一个交通指示灯就立在广场中央，用来防止这个车辆交通比德国其他任何地方都繁忙的地点出现混乱。这个交通指示灯的一件仿制品如今依然在那里闪烁，却已不再工作，只是供游客作为拍照背景。

人们从不会仅仅为了工作来到这里。因为这里有凯宾斯基下属的“Haus Vaterland”五星级酒店，有 12 个不同风格的大厅，主打娱乐美食的概念。这里的装潢再配上相应的音乐，可以使人们在这里感觉自己一会儿置身于上巴伐利亚地区，一会儿又仿佛来到了墨西哥，或者坐在“莱茵河露台”上。此外还有罗蕾莱全景、人工阳光、每小时一次的暴风雨和之后出现的彩虹。

Josty 咖啡厅或 Huth 酒行格调雅致。旁边的莱比锡广场上有威尔特海姆商场，世界上最现代的消费殿堂。在那里，柜台后第一次没有了售货员，客人们可以在货架之间随意走动，选取自己想要的商品。富有传奇色彩的广播公司 Vox 位于波茨坦大街 10 号，1923 年 10 月，它首次播送“娱乐节目”。

经历了四十年的荒芜，见证了柏林墙、死亡地带、边境巡逻队和破碎的废墟，柏林还能重现往日辉煌吗？哪怕只是近似以前也可以。对此，很多人抱怀疑态度。20 世纪 90 年代初刚刚公布重建波茨坦广场的计划时，一些人担心会出现鬼城。尽管有建筑师希尔默和扎特勒讨论了很久的总体规划，尽管有戴姆勒和索尼这样实力强劲的投资商，很多柏林人还是表示拒绝。我们已经有选帝侯大街了！或者亚历山大广场。我们不需要更多这样的地方。

这话给人的感觉好像过去的都市生活依然还在一样。如今这整片区域都被称为“波茨坦广场”，这里的新建筑成为一个德国成功故事。即便不是每座建筑都得到大家的喜爱，即便是有时会有人批评，这里私有财产和房主权利（私

波茨坦广场新区

人住宅不受侵犯）过多，公共民主过少。

美国记者埃里克·T.汉森在《德意志星球》一书中写道，德国人像明星麦当娜一样总能成功地重新发掘自己。这是一个独特，却又恰当的特征描写，这种描述只能来自旁观者。重新发掘自己其实就是重新解读自己，在现存的基础之上，加入一些在别处发现的东西。

需要强调的是，波茨坦广场这个屹立于老德国中心的新建筑，从来都不是历史上柏林的中心。它只是一个入侵的关口。1800 年左右这里还属于城郊。“波茨坦大门”的西边是田野和草地。即便到了 19 世纪和 20 世纪初这里早已满是建筑时，人们依然以战争的方式来到这里，待上一天，或是一生。

这也让波茨坦广场成了德国的特殊之地。它象征着一个国家，开放是其优势，以开放的态度对待不同的人和思想，对待新的启发，对待新的文化；而这个国家的堕落则表现在孤立自己，把自己封闭在高墙之内，将人分为三六九等。这个处于欧洲中心，邻国众多的国家又一次重新发掘了自己。并不是所有人都注意到这一点，但在波茨坦广场，人们可以清楚感受到。

馔
创美工厂出品

出 品 人：许　永
责任编辑：许宗华
特约编辑：林园林
版权编辑：杨　博
封面设计：海　云
内文设计：李双鑫
责任印制：梁建国　潘雪玲
发行总监：田峰峥

投稿信箱：cmsdbj@163.com
发　　行：北京创美汇品图书有限公司
发行热线：010-53017389　59799930

创美工厂
微信公众平台

创美工厂
官方微博